LEARN NORWEGIAN IN 52 WEEKS

**LEARN NORWEGIAN IN 52 WEEKS
WITH 7 SENTENCES A DAY**

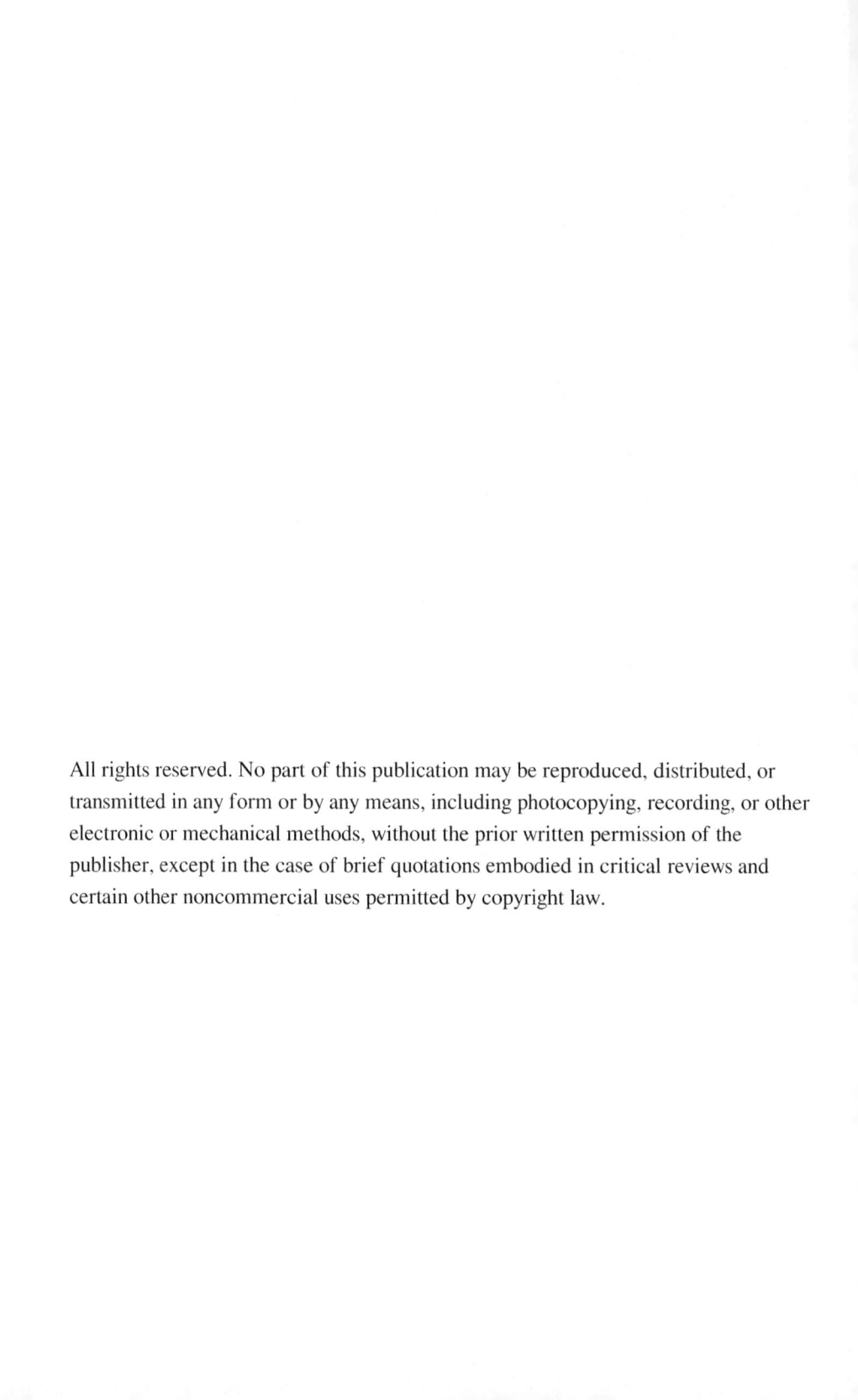

All rights reserved. No part of this publication may be reproduced, distributed, or transmitted in any form or by any means, including photocopying, recording, or other electronic or mechanical methods, without the prior written permission of the publisher, except in the case of brief quotations embodied in critical reviews and certain other noncommercial uses permitted by copyright law.

In the same collection

Learn English in 52 weeks
Learn French in 52 weeks
Learn Bulgarian in 52 weeks
Learn Chinese in 52 weeks
Learn Czech in 52 weeks
Learn Danish in 52 weeks
Learn Dutch in 52 weeks
Learn Estonian in 52 weeks
Learn Finnish in 52 weeks
Learn German in 52 weeks
Learn Greek in 52 weeks
Learn Hungarian in 52 weeks
Learn Italian in 52 weeks
Learn Japanese in 52 weeks
Learn Latvian in 52 weeks
Learn Lithuanian in 52 weeks
Learn Polish in 52 weeks
Learn Portuguese in 52 weeks
Learn Brazilian in 52 weeks
Learn Romanian in 52 weeks
Learn Russian in 52 weeks
Learn Slovak in 52 weeks
Learn Spanish in 52 weeks
Learn Swedish in 52 weeks

Contents

Week 1	Day 1-7
Week 2	Day 8-14
Week 3	Day 15-21
Week 4	Day 22-28
Week 5	Day 29-35
Week 6	Day 36-42
Week 7	Day 43-49
Week 8	Day 50-56
Week 9	Day 57-63
Week 10	Day 64-70
Week 11	Day 71-77
Week 12	Day 78-84
Week 13	Day 85-91
Week 14	Day 92-98
Week 15	Day 99-105
Week 16	Day 106-112
Week 17	Day 113-119
Week 18	Day 120-126
Week 19	Day 127-133
Week 20	Day 134-140
Week 21	Day 141-147
Week 22	Day 148-154
Week 23	Day 155-161
Week 24	Day 162-168
Week 25	Day 169-175
Week 26	Day 176-182
Week 27	Day 183-189

Week 28	....	Day 190-196
Week 29	....	Day 197-203
Week 30	....	Day 204-210
Week 31	....	Day 211-217
Week 32	....	Day 218-224
Week 33	....	Day 225-231
Week 34	....	Day 232-238
Week 35	....	Day 239-245
Week 36	....	Day 246-252
Week 37	....	Day 253-259
Week 38	....	Day 260-266
Week 39	....	Day 267-273
Week 40	....	Day 274-280
Week 41	....	Day 281-287
Week 42	....	Day 288-294
Week 43	....	Day 295-301
Week 44	....	Day 302-308
Week 45	....	Day 309-315
Week 46	....	Day 316-322
Week 47	....	Day 323-329
Week 48	....	Day 330-336
Week 49	....	Day 337-343
Week 50	....	Day 344-350
Week 51	....	Day 351-357
Week 52	....	Day 358-364

LEARN NORWEGIAN IN 52 WEEKS

LEARN NORWEGIAN IN 52 WEEKS WITH 7 SENTENCES A DAY

Week 1

1 - 1

You look very handsome.
Du ser veldig kjekk ut.

1 - 2

When were you born?
Når ble du født?

1 - 3

That shirt looks cheap.
Den skjorten ser billig ut.

1 - 4

The meeting is closed.
Møtet er lukket.

1 - 5

The snow has piled up.
Snøen har hopet seg opp.

1 - 6

Whom do you suspect?
Hvem mistenker du?

1 - 7

What day is today?
Hvilken dag er i dag?

Day 1

Week 1

2 - 1

Let's call the waiter.
La oss ringe servitøren.

2 - 2

She loves to dance.
Hun elsker å danse.

2 - 3

Your tickets, please.
Dine billetter, takk.

2 - 4

What size do you wear?
Hvilken størrelse bruker du?

2 - 5

No trespassing here.
Ingen innbrudd her.

2 - 6

The sky's gray today.
Himmelen er grå i dag.

2 - 7

Let's order first.
La oss bestille først.

Day 2

Week 1

1/52

3 - 1
She was very pleased.
Hun var veldig fornøyd.

3 - 2
Don't lose your receipt!
Ikke mist kvitteringen!

3 - 3
Please move forward.
Vennligst gå videre.

3 - 4
Our cat is a male.
Katten vår er en hann.

3 - 5
I can't breathe.
Jeg kan ikke puste.

3 - 6
I took on a new job.
Jeg tok på meg en ny jobb.

3 - 7
Get lost.
Forsvinn.

Day 3

Week 1

4 - 1

Violence is wrong.
Vold er galt.

4 - 2

It's very cold outside.
Det er veldig kaldt ute.

4 - 3

I don't agree with you.
Jeg er ikke enig med deg.

4 - 4

The bus is leaving.
Bussen går.

4 - 5

I will never forget you.
Jeg vil aldri glemme deg.

4 - 6

Have a safe trip back.
God tur tilbake.

4 - 7

I was glad to meet him.
Jeg var glad for å møte ham.

Day 4

Week 1

5 - 1
I decided to marry her.
Jeg bestemte meg for å gifte meg med henne.

5 - 2
Well done.
Bra gjort.

5 - 3
Calm down.
Ro deg ned.

5 - 4
I want to be a doctor.
Jeg vil bli lege.

5 - 5
I am sorry.
Jeg beklager.

5 - 6
My bike got a flat tire.
Sykkelen min fikk et flatt dekk.

5 - 7
My mother was crying.
Moren min gråt.

Day 5

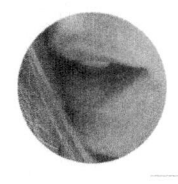

LEARN NORWEGIAN IN 52 WEEKS
LEARN NORWEGIAN IN 52 WEEKS WITH 7 SENTENCES A DAY

Week 1

6 - 1

Good job.
Godt jobbet.

6 - 2

I'll take them all.
Jeg tar dem alle.

6 - 3

Safe trip!
Trygg tur!

6 - 4

I work as a doctor.
Jeg jobber som lege.

6 - 5

Please, come in.
Vær så snill, kom inn.

6 - 6

I like oranges.
Jeg liker appelsiner.

6 - 7

It is direct?
Er det direkte?

Day 6

Test 1

7 - 1

Whom do you suspect?

7 - 2

No trespassing here.

7 - 3

Our cat is a male.

7 - 4

I don't agree with you.

7 - 5

Well done.

7 - 6

Good job.

7 - 7

It is direct?

Day 7

Week 2

8 - 1

Let's meet on monday.
La oss møtes på mandag.

8 - 2

He stood on stage.
Han sto på scenen.

8 - 3

This orange is sour.
Denne appelsinen er syrlig.

8 - 4

Congratulations!
Gratulerer!

8 - 5

Just a moment.
Bare et øyeblikk.

8 - 6

Get enough sleep.
Få nok søvn.

8 - 7

Can you play the piano?
Kan du spille piano?

Day 8

Week 2

9 - 1
It's ten o'clock.
Klokken er ti.

9 - 2
Is this reduced?
Er dette redusert?

9 - 3
My boss is stubborn.
Sjefen min er sta.

9 - 4
Insert your pin code.
Sett inn pinkoden din.

9 - 5
This blanket is warm.
Dette teppet er varmt.

9 - 6
Did you lock the door?
Låste du døren?

9 - 7
I just love summer.
Jeg bare elsker sommeren.

Day 9

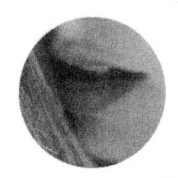

Week 2

10 - 1

I'll pay in cash.
Jeg betaler kontant.

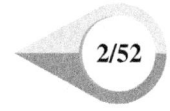

10 - 2

He took a deep breath.
Han trakk pusten dypt.

10 - 3

Nice day, isn't it?
Fin dag, ikke sant?

10 - 4

I'm frightened.
Jeg er redd.

10 - 5

What time can we meet?
Når kan vi møtes?

10 - 6

I dyed my hair red.
Jeg farget håret rødt.

10 - 7

I belong to new york.
Jeg tilhører new york.

Day 10

Week 2

11 - 1

I left her a message.
Jeg la henne en melding.

11 - 2

Can i borrow a pencil?
Kan jeg låne en blyant?

11 - 3

First, you.
Først du.

11 - 4

A leaf of lettuce.
Et blad med salat.

11 - 5

He came here.
Han kom hit.

11 - 6

He was greatly pleased.
Han var kjempefornøyd.

11 - 7

May i offer you a drink?
Kan jeg tilby deg en drink?

Day 11

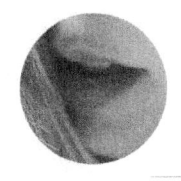

Week 2

12 - 1

It is nothing.
Det er ingenting.

12 - 2

Who else wants to try?
Hvem andre vil prøve?

12 - 3

Don't confuse me.
Ikke forvirr meg.

12 - 4

I can't believe that.
Jeg kan ikke tro det.

12 - 5

I bought one book.
Jeg kjøpte en bok.

12 - 6

He's a nasty man.
Han er en ekkel mann.

12 - 7

It was a very sad movie.
Det var en veldig trist film.

Day 12

Week 2

13 - 1

She likes tall men.
Hun liker høye menn.

13 - 2

Will they come here?
Kommer de hit?

13 - 3

Let's meet again.
La oss møtes igjen.

13 - 4

The rear seat is empty.
Baksetet er tomt.

13 - 5

Boys, be ambitious.
Gutter, vær ambisiøse.

13 - 6

What are your symptoms?
Hvilke symptomer har du?

13 - 7

Stop the car.
Stopp bilen.

Day 13

Test 2

14 - 1

Get enough sleep.

14 - 2

This blanket is warm.

14 - 3

I'm frightened.

14 - 4

First, you.

14 - 5

Who else wants to try?

14 - 6

She likes tall men.

14 - 7

Stop the car.

Day 14

Week 3

15 - 1

It is very cold.
Det er veldig kaldt.

15 - 2

I'll go.
Jeg skal gå.

15 - 3

How much should i pay?
Hvor mye bør jeg betale?

15 - 4

I excel in this field.
Jeg utmerker meg på dette feltet.

15 - 5

I have a headache.
Jeg har hodepine.

15 - 6

Nice work.
Fint arbeid.

15 - 7

I am fine and you?
Jeg har det bra, og du?

Day 15

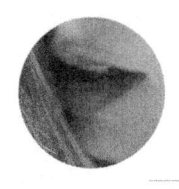

Week 3

16 - 1

Who is not here today?
Hvem er ikke her i dag?

16 - 2

Can i try this on?
Kan jeg prøve denne på?

16 - 3

I got up at seven today.
Jeg sto opp klokken syv i dag.

16 - 4

That's a great idea.
Det er en god ide.

16 - 5

Do i have to do it now?
Må jeg gjøre det nå?

16 - 6

The food smells good.
Maten lukter godt.

16 - 7

How much does it cost?
Hvor mye koster det?

Day 16

Week 3

17 - 1

I feel sleepy.
Jeg føler meg trøtt.

17 - 2

The brown bag is mine.
Den brune posen er min.

17 - 3

Which one of these?
Hvilken av disse?

17 - 4

This box is heavy.
Denne boksen er tung.

17 - 5

They shook hands.
De håndhilste.

17 - 6

He doesn't have time.
Han har ikke tid.

17 - 7

He combed his hair.
Han gred håret.

Day 17

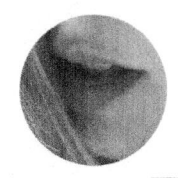

Week 3

18 - 1

He's older than me.
Han er eldre enn meg.

3/52

18 - 2

I want to get in shape.
Jeg vil komme i form.

18 - 3

Where is his residence?
Hvor er hans bolig?

18 - 4

Don't shout.
Ikke rop.

18 - 5

Happy holidays!
God ferie!

18 - 6

I get up at 6.30.
Jeg står opp 6.30.

18 - 7

I'm unemployed.
Jeg er arbeidsledig.

Day 18

LEARN NORWEGIAN IN 52 WEEKS

LEARN NORWEGIAN IN 52 WEEKS WITH 7 SENTENCES A DAY

Week 3

19 - 1
Do like your job?
Liker du jobben din?

19 - 2
I met her in the town.
Jeg møtte henne i byen.

19 - 3
It was nothing really.
Det var egentlig ingenting.

19 - 4
Yes. i have.
Ja. jeg har.

19 - 5
I watered the plant.
Jeg vannet planten.

19 - 6
No big thing.
Ingen stor ting.

19 - 7
I think so, too.
Det tror jeg også.

Day 19

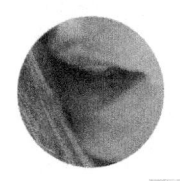

Week 3

20 - 1

His wife is beautiful.
Kona hans er vakker.

20 - 2

Good luck.
Lykke til.

20 - 3

The dog bit my hand.
Hunden bet meg i hånden.

20 - 4

May i have a word?
Kan jeg få et ord?

20 - 5

My shirt is ripped up.
Skjorten min er revet opp.

20 - 6

Kiss me, my darling.
Kyss meg, min kjære.

20 - 7

I go by scooter.
Jeg kjører på scooter.

Day 20

Test 3

21 - 1

Nice work.

21 - 2

Do i have to do it now?

21 - 3

This box is heavy.

21 - 4

Where is his residence?

21 - 5

I met her in the town.

21 - 6

His wife is beautiful.

21 - 7

I go by scooter.

Day 21

Week 4

22 - 1

I think you're wrong.
Jeg tror du tar feil.

22 - 2

Let me introduce myself.
La meg introdusere meg selv.

22 - 3

Oh, that's terrible.
Å, det er forferdelig.

22 - 4

Call an ambulance.
Ring en ambulanse.

22 - 5

No entry for bicycles.
Ingen inngang for sykler.

22 - 6

Enjoy your stay!
Nyt oppholdet!

22 - 7

She's with me.
Hun er med meg.

Day 22

Week 4

23 - 1

Please call back later.
Ring tilbake senere.

23 - 2

I am sorry to hear that.
Jeg beklager å høre det.

23 - 3

He was nervous.
Han var nervøs.

23 - 4

It's a full moon today.
Det er fullmåne i dag.

23 - 5

Please do not litter.
Vennligst ikke søppel.

23 - 6

It's my fault.
Det er min skyld.

23 - 7

Better luck next time.
Bedre lykke neste gang.

Day 23

LEARN NORWEGIAN IN 52 WEEKS

LEARN NORWEGIAN IN 52 WEEKS WITH 7 SENTENCES A DAY

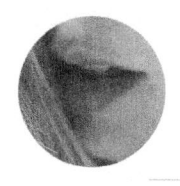

Week 4

24 - 1

I bought a leather belt.
Jeg kjøpte et skinnbelte.

4/52

24 - 2

How do you know her?
Hvordan kjenner du henne?

24 - 3

Does he act well?
Oppfører han seg bra?

24 - 4

A tube of toothpaste.
En tannkremtube.

24 - 5

These shoes fit me.
Disse skoene passer meg.

24 - 6

My friend defended me.
Vennen min forsvarte meg.

24 - 7

The sky is deep blue.
Himmelen er dypblå.

Day 24

Week 4

25 - 1

He lives around here.
Han bor rundt her.

25 - 2

Do you have any idea?
Har du noen ide?

25 - 3

It's not my fault.
Det er ikke min feil.

25 - 4

Please give an example.
Gi et eksempel.

25 - 5

I have a car.
Jeg har en bil.

25 - 6

Best of luck.
Lykke til.

25 - 7

I am on a business trip.
Jeg er på forretningsreise.

Day 25

Week 4

26 - 1

How is it?
Hvordan er det?

26 - 2

Someone stole my bag.
Noen stjal vesken min.

26 - 3

Do some yoga.
Gjør litt yoga.

26 - 4

He is an unlikable man.
Han er en ulik mann.

26 - 5

Where are my books?
Hvor er bøkene mine?

26 - 6

I feel happy.
Jeg føler meg lykkelig.

26 - 7

Do you want a receipt?
Vil du ha kvittering?

Day 26

Week 4

27 - 1

I feel shy.
Jeg føler meg sjenert.

27 - 2

We are six persons.
Vi er seks personer.

27 - 3

We are three sisters.
Vi er tre søstre.

27 - 4

Trust me, i can do it.
Stol på meg, jeg klarer det.

27 - 5

I do not feel well.
Jeg føler meg ikke bra.

27 - 6

A full glass of milk.
Et fullt glass melk.

27 - 7

How will you manage?
Hvordan vil du klare deg?

Day 27

Test 4

28 - 1

Enjoy your stay!

28 - 2

Please do not litter.

28 - 3

A tube of toothpaste.

28 - 4

It's not my fault.

28 - 5

Someone stole my bag.

28 - 6

I feel shy.

28 - 7

How will you manage?

Day 28

Week 5

29 - 1

Who called you?
Hvem ringte deg?

29 - 2

What do you mean?
Hva mener du?

29 - 3

My shoes got dirty.
Skoene mine ble skitne.

29 - 4

We took a package tour.
Vi tok en pakkereise.

29 - 5

Time flies.
Tiden flyr.

29 - 6

Stop talking, please.
Slutt å snakke, vær så snill.

29 - 7

Did she appeal?
Anket hun?

Day 29

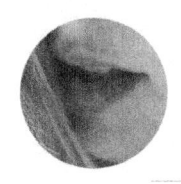

Week 5

30 - 1

It looks delicious.
Det ser veldig godt ut.

5/52

30 - 2

The battery is flat.
Batteriet er flatt.

30 - 3

I work in healthcare.
Jeg jobber i helsevesenet.

30 - 4

Be careful.
Vær forsiktig.

30 - 5

This dish is delicious.
Denne retten er deilig.

30 - 6

No entry for buses.
Ingen inngang for busser.

30 - 7

He works at an embassy.
Han jobber på en ambassade.

Day 30

LEARN NORWEGIAN IN 52 WEEKS
LEARN NORWEGIAN IN 52 WEEKS WITH 7 SENTENCES A DAY

Week 5

31 - 1

She talks fast.
Hun snakker fort.

31 - 2

Mince the garlic.
Finhakk hvitløken.

31 - 3

I'm sorry, i can't.
Beklager, jeg kan ikke.

31 - 4

See you soon.
Ser deg snart.

31 - 5

You should read a lot.
Du bør lese mye.

31 - 6

I'll join you.
Jeg blir med deg.

31 - 7

I'll put you through.
Jeg vil sette deg over.

Day 31

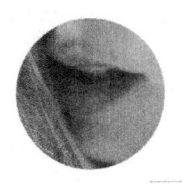

Week 5

32 - 1
She was quiet at first.
Hun var stille i begynnelsen.

32 - 2
Where do you work?
Hvor jobber du?

32 - 3
He hates evil.
Han hater ondskap.

32 - 4
Don't move!
Ikke beveg deg!

32 - 5
Read it out loud.
Les det høyt.

32 - 6
Where do i have to sign?
Hvor må jeg signere?

32 - 7
I have lost my card.
Jeg har mistet kortet mitt.

Day 32

Week 5

33 - 1

Yes, i'd love too.
Ja, jeg vil også gjerne.

33 - 2

What about a cup of tea?
Hva med en kopp te?

33 - 3

I'm off on thursday.
Jeg har fri på torsdag.

33 - 4

I lost my key today.
Jeg mistet nøkkelen min i dag.

33 - 5

How do you do?
Hvordan går det?

33 - 6

She is my wife.
Hun er min kone.

33 - 7

His grades are not bad.
Karakterene hans er ikke dårlige.

Day 33

Week 5

34 - 1

He fulfilled my needs.
Han oppfylte mine behov.

5/52

34 - 2

I know how it feels.
Jeg vet hvordan det føles.

34 - 3

Can i try it on, please?
Kan jeg prøve den?

34 - 4

How is the movie?
Hvordan er filmen?

34 - 5

Why did you beat him?
Hvorfor slo du ham?

34 - 6

I'd love to, thanks.
Jeg vil gjerne, takk.

34 - 7

He's rich.
Han er rik.

Day 34

Test 5

35 - 1

Stop talking, please.

35 - 2

This dish is delicious.

35 - 3

See you soon.

35 - 4

He hates evil.

35 - 5

What about a cup of tea?

35 - 6

He fulfilled my needs.

35 - 7

He's rich.

Day 35

Week 6

36 - 1

I'm impressed.
Jeg er imponert.

36 - 2

Traffic light ahead.
Trafikklys foran.

36 - 3

He's greedy for money.
Han er grådig etter penger.

36 - 4

I'm called john.
Jeg heter john.

36 - 5

He is my elder brother.
Han er min eldste bror.

36 - 6

Don't rush me.
Ikke forhast meg.

36 - 7

This cat is a female.
Denne katten er en hunn.

Day 36

Week 6

37 - 1
My son brought a friend.
Sønnen min tok med seg en venn.

37 - 2
Let's share more ideas.
La oss dele flere ideer.

37 - 3
The test was very easy.
Testen var veldig enkel.

37 - 4
He stood on the stage.
Han sto på scenen.

37 - 5
How old is he?
Hvor gammel er han?

37 - 6
Say cheese!
Si ost!

37 - 7
I bought a red rose.
Jeg kjøpte en rød rose.

Day 37

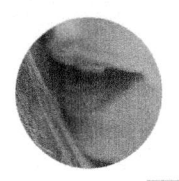

Week 6

38 - 1
What sizes do you have?
Hvilke størrelser har du?

38 - 2
Shall i make tea?
Skal jeg lage te?

38 - 3
How are you?
Hvordan har du det?

38 - 4
Do you have a sister?
Har du en søster?

38 - 5
I'm fine, thank you.
Jeg har det bra, takk.

38 - 6
How is your husband?
Hvordan har mannen din det?

38 - 7
It's pay day!
Det er lønningsdag!

Day 38

Week 6

39 - 1
It's 6 a.m now.
Klokken er 06:00 nå.

39 - 2
Take a deep breath.
Pust dypt inn.

39 - 3
I forgave him.
Jeg tilga ham.

39 - 4
Could i have a refund?
Kan jeg få refusjon?

39 - 5
He's short.
Han er kort.

39 - 6
What brand is that?
Hvilket merke er det?

39 - 7
She's good at makeup.
Hun er god på sminke.

Day 39

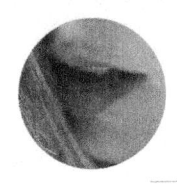

Week 6

40 - 1

Which do you like best?
Hvilken liker du best?

6/52

40 - 2

My son is now a toddler.
Sønnen min er nå en smårolling.

40 - 3

When do you go to bed?
Når legger du deg?

40 - 4

A pinch of salt.
En klype salt.

40 - 5

Where's the post office?
Hvor er postkontoret?

40 - 6

I owe you a great deal.
Jeg skylder deg mye.

40 - 7

Thank you.
Takk skal du ha.

Day 40

Week 6

41 - 1

Where is the baker's?
Hvor er bakeren?

41 - 2

Please be seated.
Vær så god å sitt.

41 - 3

I'm not interested.
Jeg er ikke interessert.

41 - 4

Please stand up.
Kan du stå opp.

41 - 5

He is my classmate.
Han er klassekameraten min.

41 - 6

Don't do it again.
Ikke gjør det igjen.

41 - 7

I'm scared of dogs.
Jeg er redd for hunder.

Day 41

Test 6

42 - 1

Don't rush me.

42 - 2

How old is he?

6/52

42 - 3

Do you have a sister?

42 - 4

I forgave him.

42 - 5

My son is now a toddler.

42 - 6

Where is the baker's?

42 - 7

I'm scared of dogs.

Day 42

Week 7

43 - 1

Don't do such a thing.
Ikke gjør noe slikt.

43 - 2

Thanks a lot.
Takk så mye.

43 - 3

I'm lost.
Jeg har gått meg bort.

43 - 4

This bra is too large.
Denne bh-en er for stor.

43 - 5

Why are you laughing?
Hvorfor ler du?

43 - 6

Please go in front.
Vennligst gå foran.

43 - 7

Clean up your place.
Rydd opp plassen din.

Day 43

Week 7

44 - 1

I hear a strange sound.
Jeg hører en merkelig lyd.

44 - 2

Where's the florist's?
Hvor er blomsterhandleren?

7/52

44 - 3

Turn left.
Ta til venstre.

44 - 4

It's nice to meet you.
Det er hyggelig å møte deg.

44 - 5

The sweater has shrunk.
Genseren har krympet.

44 - 6

The answer is wrong.
Svaret er feil.

44 - 7

Was i appointed?
Ble jeg utnevnt?

Day 44

Week 7

45 - 1

It was a foggy night.
Det var en tåkete natt.

45 - 2

Did you have breakfast?
Hadde du frokost?

45 - 3

I need to earn money.
Jeg trenger å tjene penger.

45 - 4

Here is my passport.
Her er passet mitt.

45 - 5

Read them aloud.
Les dem høyt.

45 - 6

I am mary.
Jeg er mary.

45 - 7

Does he befit always?
Passer han alltid?

Day 45

Week 7

46 - 1

No parking.
Ingen parkeringsplass.

46 - 2

There's no other way.
Det er ingen annen måte.

46 - 3

I will consult my boss.
Jeg skal rådføre meg med sjefen min.

46 - 4

Smoking area.
Røykeområde.

46 - 5

When can i talk to you?
Når kan jeg snakke med deg?

46 - 6

It was nice meeting you.
Det var hyggelig å møte deg.

46 - 7

It tastes good!
Det smaker godt!

Day 46

Week 7

47 - 1

I need a new toothbrush.
Jeg trenger en ny tannbørste.

47 - 2

I ordered a hamburger.
Jeg bestilte en hamburger.

47 - 3

Hold on tight.
Hold deg fast.

47 - 4

Hello, can you hear me?
Hei, kan du høre meg?

47 - 5

Please try this dish.
Prøv denne retten.

47 - 6

I am terribly sorry.
Jeg er fryktelig lei meg.

47 - 7

I bought a new computer.
Jeg kjøpte en ny datamaskin.

Day 47

Week 7

48 - 1

I love cats.
Jeg elsker katter.

48 - 2

Read your books quietly.
Les bøkene dine stille.

48 - 3

It's pouring down.
Det renner ned.

48 - 4

I started a new job.
Jeg begynte i en ny jobb.

48 - 5

Do whatever you want.
Gjør hva du vil.

48 - 6

My specialty is law.
Min spesialitet er jus.

48 - 7

He used to be poor.
Han pleide å være fattig.

Day 48

Test 7

49 - 1

Please go in front.

49 - 2

The sweater has shrunk.

49 - 3

Here is my passport.

49 - 4

I will consult my boss.

49 - 5

I ordered a hamburger.

49 - 6

I love cats.

49 - 7

He used to be poor.

Day 49

Week 8

50 - 1

Bear in mind.
Husk.

50 - 2

His voice is soft.
Stemmen hans er myk.

8/52

50 - 3

He could not come today.
Han kunne ikke komme i dag.

50 - 4

Please wear slippers.
Vennligst bruk tøfler.

50 - 5

Sincerely thanks.
Hjertelig takk.

50 - 6

How is life?
Hvordan er livet?

50 - 7

Does the water boil?
Koker vannet?

Day 50

Week 8

51 - 1

He fired the servant.
Han sparket tjeneren.

8/52

51 - 2

Drink plenty of water.
Drikk mye vann.

51 - 3

Jokes do have limits.
Vitser har grenser.

51 - 4

I can't help you.
Jeg kan ikke hjelpe deg.

51 - 5

What is he?
Hva er han?

51 - 6

It's too small for me.
Den er for liten for meg.

51 - 7

Hang on for a moment.
Vent litt.

Day 51

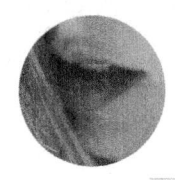

Week 8

52 - 1

He came by car.
Han kom med bil.

52 - 2

The movie opens today.
Filmen åpner i dag.

8/52

52 - 3

He's very expressive.
Han er veldig uttrykksfull.

52 - 4

What is your score?
Hva er poengsummen din?

52 - 5

Call a fire brigade!
Ring brannvesenet!

52 - 6

Are you in the queue?
Står du i køen?

52 - 7

I ate heartily.
Jeg spiste hjertelig.

Day 52

Week 8

53 - 1

What station is it?
Hvilken stasjon er det?

53 - 2

What do you want?
Hva vil du?

53 - 3

Watch your mouth.
Pass munnen din.

53 - 4

I completely agree.
Jeg er helt enig.

53 - 5

Many happy returns.
Mange glade returer.

53 - 6

I sat in a window seat.
Jeg satt i et vindussete.

53 - 7

Is she cutting a tree?
Hogger hun et tre?

Day 53

Week 8

54 - 1

Welcome to japan.
Velkommen til japan.

54 - 2

Here is your key.
Her er nøkkelen din.

8/52

54 - 3

My grandfather got sick.
Min bestefar ble syk.

54 - 4

The room light is on.
Romlyset er på.

54 - 5

He is my father.
Han er min far.

54 - 6

I am a teacher.
Jeg er en lærer.

54 - 7

When is your birthday?
Når har du bursdag?

Day 54

Week 8

55 - 1

It's stifling hot.
Det er brennende varmt.

55 - 2

The man stole her bag.
Mannen stjal vesken hennes.

55 - 3

I admired his patience.
Jeg beundret tålmodigheten hans.

55 - 4

My jaw hurts.
Kjeven min gjør vondt.

55 - 5

What do you recommend?
Hva anbefaler du?

55 - 6

It's raining heavily.
Det regner kraftig.

55 - 7

I ate a lot of salad.
Jeg spiste mye salat.

Day 55

Test 8

56 - 1

How is life?

56 - 2

What is he?

8/52

56 - 3

What is your score?

56 - 4

Watch your mouth.

56 - 5

Here is your key.

56 - 6

It's stifling hot.

56 - 7

I ate a lot of salad.

Day 56

Week 9

57 - 1

He studies medicine.
Han studerer medisin.

57 - 2

Swallows are flying.
Svalene flyr.

57 - 3

Show your solutions.
Vis dine løsninger.

57 - 4

That child is so thin.
Det barnet er så tynn.

57 - 5

She is bleeding.
Hun blør.

57 - 6

His movements are quick.
Bevegelsene hans er raske.

57 - 7

That sounds delicious!
Det høres deilig ut!

Day 57

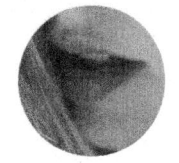

Week 9

58 - 1

Sounds great.
Høres bra ut.

58 - 2

He apologized at once.
Han unnskyldte seg med en gang.

58 - 3

This pencil is sharp.
Denne blyanten er skarp.

58 - 4

It's cold in this room.
Det er kaldt i dette rommet.

58 - 5

We played a video game.
Vi spilte et videospill.

58 - 6

How did you get there?
Hvordan kom du deg dit?

58 - 7

She has fat legs.
Hun har fete bein.

Day 58

Week 9

59 - 1

I remembered the past.
Jeg husket fortiden.

59 - 2

Are you with me?
Er du med meg?

59 - 3

I'm very sorry.
Jeg er veldig lei meg.

59 - 4

Where did he come?
Hvor kom han?

59 - 5

I was stuck in traffic.
Jeg satt fast i trafikken.

59 - 6

It's cloudy today.
Det er overskyet i dag.

59 - 7

Good to see you.
Godt å se deg.

Day 59

Week 9

60 - 1

Incredible.
Utrolig.

60 - 2

She wore a purple dress.
Hun hadde på seg en lilla kjole.

9/52

60 - 3

I have a big dream.
Jeg har en stor drøm.

60 - 4

A woman approached me.
En kvinne kom bort til meg.

60 - 5

Slow down.
Ro ned.

60 - 6

Do not lose your ticket.
Ikke mist billetten din.

60 - 7

A coffee please.
En kaffe takk.

Day 60

Week 9

61 - 1

Describe yourself.
Beskriv deg selv.

61 - 2

It's for a present.
Det er til en gave.

61 - 3

Please come closer.
Kom nærmere.

61 - 4

The dynamite exploded.
Dynamitten eksploderte.

61 - 5

My wallet was stolen.
Lommeboken min ble stjålet.

61 - 6

I have no choice.
Jeg har ikke noe valg.

61 - 7

A pack of vitamins.
En pakke vitaminer.

Day 61

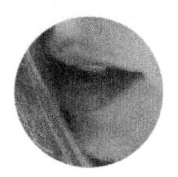

Week 9

62 - 1

This pillow is too low.
Denne puten er for lav.

62 - 2

Her baby is cute.
Babyen hennes er søt.

9/52

62 - 3

Please give me a minute.
Gi meg et minutt.

62 - 4

She was operated on.
Hun ble operert.

62 - 5

Practice first aid.
Øv på førstehjelp.

62 - 6

This river is shallow.
Denne elva er grunne.

62 - 7

Ice floats on water.
Isen flyter på vannet.

Day 62

Test 9

63 - 1

His movements are quick.

63 - 2

We played a video game.

63 - 3

Where did he come?

63 - 4

I have a big dream.

63 - 5

It's for a present.

63 - 6

This pillow is too low.

63 - 7

Ice floats on water.

Day 63

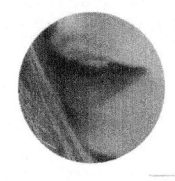

Week 10

64 - 1

I feel nauseous.
Jeg føler meg kvalm.

64 - 2

Go and get dressed.
Gå og kle på deg.

10/52

64 - 3

That's all for today.
Det var alt for i dag.

64 - 4

He majors in physics.
Han har hovedfag i fysikk.

64 - 5

You're fired.
Du har sparken.

64 - 6

I love my father.
Jeg elsker faren min.

64 - 7

This dish is tasteless.
Denne retten er smakløs.

Day 64

Week 10

65 - 1

My sister is kind.
Søsteren min er snill.

65 - 2

How did he come?
Hvordan kom han?

65 - 3

The train is crowded.
Toget er overfylt.

65 - 4

May i use your computer?
Kan jeg bruke datamaskinen din?

65 - 5

Happy birthday!
Gratulerer med dagen!

65 - 6

I feel tired.
Jeg føler meg sliten.

65 - 7

Please come here.
Vennligst kom hit.

Day 65

Week 10

66 - 1

I was shocked to hear.
Jeg ble sjokkert over å høre.

66 - 2

Please hold on.
Vennligst vent.

66 - 3

You are all set.
Du er klar.

66 - 4

No, that's not true.
Nei, det er ikke sant.

66 - 5

Solve the equation.
Løs ligningen.

66 - 6

I don't like to wait.
Jeg liker ikke å vente.

66 - 7

If only he were here!
Hadde han bare vært her!

Day 66

Week 10

67 - 1

Too bad.
Synd.

67 - 2

He is a fine poet.
Han er en god poet.

67 - 3

I was moved to tears.
Jeg ble rørt til tårer.

67 - 4

Thunder is rumbling.
Torden buldrer.

67 - 5

He is a radiographer.
Han er radiograf.

67 - 6

What a beautiful sunset!
For en vakker solnedgang!

67 - 7

First aid center.
Førstehjelpssentral.

Day 67

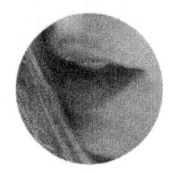

Week 10

68 - 1

A kilo of fish.
Et kilo fisk.

68 - 2

We're classmates.
Vi er klassekamerater.

68 - 3

How do you go to office?
Hvordan går du til kontoret?

68 - 4

The dog licked my face.
Hunden slikket meg i ansiktet.

68 - 5

He'll come after lunch.
Han kommer etter lunsj.

68 - 6

Show me our sales.
Vis meg salget vårt.

68 - 7

A double bed, please.
En dobbeltseng, takk.

Day 68

Week 10

69 - 1

I am terrified.
Jeg er livredd.

69 - 2

He tested the software.
Han testet programvaren.

69 - 3

Don't panic.
Ikke få panikk.

69 - 4

Why are you late?
Hvorfor er du sen?

69 - 5

Where do they live?
Hvor bor de?

69 - 6

Let it go.
La det gå.

69 - 7

Did you enjoy your meal?
Likte du måltidet ditt?

Day 69

LEARN NORWEGIAN IN 52 WEEKS

LEARN NORWEGIAN IN 52 WEEKS WITH 7 SENTENCES A DAY

Test 10

70 - 1

I love my father.

70 - 2

Happy birthday!

10/52

70 - 3

No, that's not true.

70 - 4

I was moved to tears.

70 - 5

We're classmates.

70 - 6

I am terrified.

70 - 7

Did you enjoy your meal?

Day 70

Week 11

71 - 1

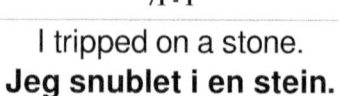

I tripped on a stone.
Jeg snublet i en stein.

71 - 2

Nice of you to make it.
Fint av deg å klare det.

71 - 3

Please call a taxi.
Ring en taxi.

71 - 4

This one is cheaper.
Denne er billigere.

71 - 5

I paid my car tax.
Jeg betalte bilavgiften min.

71 - 6

Good morning.
God morgen.

71 - 7

He no longer hates her.
Han hater henne ikke lenger.

Day 71

LEARN NORWEGIAN IN 52 WEEKS

LEARN NORWEGIAN IN 52 WEEKS WITH 7 SENTENCES A DAY

Week 11

72 - 1
Raise your hands.
Løft opp hendene.

72 - 2
I'm working as a waiter.
Jeg jobber som servitør.

11/52

72 - 3
I left a key with him.
Jeg la igjen en nøkkel hos ham.

72 - 4
I'm sorry i'm late.
Jeg er lei for at jeg er sen.

72 - 5
I am always positive.
Jeg er alltid positiv.

72 - 6
He's a careful person.
Han er en forsiktig person.

72 - 7
Where does he work?
Hvor jobber han?

Day 72

LEARN NORWEGIAN IN 52 WEEKS

LEARN NORWEGIAN IN 52 WEEKS WITH 7 SENTENCES A DAY

Week 11

73 - 1
The weather is hot.
Været er varmt.

73 - 2
It's very nice of you.
Det er veldig hyggelig av deg.

73 - 3
She's a gorgeous woman.
Hun er en nydelig kvinne.

73 - 4
Did he come?
Kom han?

73 - 5
I forgot my handbag.
Jeg glemte håndvesken min.

73 - 6
What can i do for you?
Hva kan jeg gjøre for deg?

73 - 7
I can help you.
Jeg kan hjelpe deg.

Day 73

Week 11

74 - 1

Where's the library?
Hvor er biblioteket?

74 - 2

How is everyone?
Hvordan har alle det?

74 - 3

Do you avoid me?
Unngår du meg?

74 - 4

Please open the window.
Vennligst åpne vinduet.

74 - 5

How's it going?
Hvordan går det?

74 - 6

Did you pass the exam?
Bestod du eksamen?

74 - 7

No, thanks.
Nei takk.

Day 74

Week 11

75 - 1
I received a threat.
Jeg mottok en trussel.

75 - 2
It's very gaudy.
Det er veldig glorete.

75 - 3
Don't tell lies.
Ikke fortell løgner.

75 - 4
Why did he come?
Hvorfor kom han?

75 - 5
I heard a gunshot.
Jeg hørte et skudd.

75 - 6
Please speak slowly.
Snakk sakte er du snill.

75 - 7
I called the waitress.
Jeg ringte servitrisen.

Day 75

Week 11

76 - 1

May i take your order?
Kan jeg ta bestillingen?

76 - 2

It's clearly his fault.
Det er helt klart hans feil.

11/52

76 - 3

No, i'm serious.
Nei, jeg er seriøs.

76 - 4

Stop here at red.
Stopp her ved rødt.

76 - 5

Excellent.
Utmerket.

76 - 6

Whose book is this?
Hvem sin bok er dette?

76 - 7

See you at 8 p.m.
Sees kl 20.00

Day 76

Test 11

77 - 1

Good morning.

77 - 2

I am always positive.

77 - 3

Did he come?

77 - 4

Do you avoid me?

77 - 5

It's very gaudy.

77 - 6

May i take your order?

77 - 7

See you at 8 p.m.

Day 77

Week 12

78 - 1

He speaks clearly.
Han snakker tydelig.

78 - 2

He is driving too fast.
Han kjører for fort.

12/52

78 - 3

It's time for lunch.
Det er tid for lunsj.

78 - 4

You look pale.
Du ser blek ut.

78 - 5

They have guns.
De har våpen.

78 - 6

A slice of pizza.
Et stykke pizza.

78 - 7

He ate rice in a bowl.
Han spiste ris i en bolle.

Day 78

Week 12

79 - 1

The light is still on.
Lyset er fortsatt på.

79 - 2

Life in spain is fun.
Livet i spania er gøy.

79 - 3

I have a half-sister.
Jeg har en halvsøster.

79 - 4

Do you have any doubt?
Er du i tvil?

79 - 5

My palms are sweaty.
Håndflatene mine er svette.

79 - 6

He was sent to england.
Han ble sendt til england.

79 - 7

My grandfather is well.
Min bestefar har det bra.

Day 79

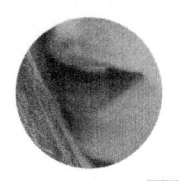

Week 12

80 - 1

Can i open the windows?
Kan jeg åpne vinduene?

80 - 2

He's a good person.
Han er en god person.

80 - 3

He's learning karate.
Han lærer karate.

80 - 4

What's wrong?
Hva er galt?

80 - 5

She refused to attend.
Hun nektet å delta.

80 - 6

How did you reach there?
Hvordan kom du dit?

80 - 7

I love to eat.
Jeg elsker å spise.

Day 80

Week 12

81 - 1
Mind your tongue.
Pass på tungen din.

81 - 2
Don't deceive people.
Ikke lur folk.

81 - 3
One of my eyes is itchy.
Et av øynene mine klør.

81 - 4
Just a moment please.
Bare et øyeblikk.

81 - 5
It's a fair way away.
Det er en grei vei unna.

81 - 6
Does he beat me?
Slår han meg?

81 - 7
She cried out for help.
Hun ropte om hjelp.

Day 81

Week 12

82 - 1

It's not a big deal.
Det er ikke noe å snakke om.

82 - 2

Many thanks.
Mange takk.

82 - 3

I'm physically strong.
Jeg er fysisk sterk.

82 - 4

He always wears jeans.
Han bruker alltid jeans.

82 - 5

He teaches mathematics.
Han underviser i matematikk.

82 - 6

Do me a favor.
Gjør meg en tjeneste.

82 - 7

Hybrid vehicles only.
Kun hybridbiler.

Day 82

Week 12

83 - 1

I'd be happy to.
Jeg vil gjerne.

83 - 2

Let me check for you.
La meg sjekke for deg.

83 - 3

I am a computer analyst.
Jeg er en dataanalytiker.

83 - 4

Safety comes first.
Sikkerhet kommer først.

83 - 5

Ask him to call me.
Be ham ringe meg.

83 - 6

What's your surname?
Hva er etternavnet ditt?

83 - 7

I don't feel like it.
Jeg har ikke lyst.

Day 83

Test 12

84 - 1

A slice of pizza.

84 - 2

My palms are sweaty.

12/52

84 - 3

What's wrong?

84 - 4

One of my eyes is itchy.

84 - 5

Many thanks.

84 - 6

I'd be happy to.

84 - 7

I don't feel like it.

Day 84

Week 13

85 - 1

Is there free wi-fi?
Er det gratis wi-fi?

85 - 2

Her hair is very long.
Håret hennes er veldig langt.

85 - 3

It's an industrial city.
Det er en industriby.

85 - 4

His driving is awful.
Kjøringen hans er forferdelig.

85 - 5

I can't avoid it.
Jeg kan ikke unngå det.

85 - 6

Turn right.
Ta til høyre.

85 - 7

Can i borrow a pen?
Kan jeg låne en penn?

Day 85

Week 13

86 - 1

That's so sad.
Det er så trist.

86 - 2

Before you think, try.
Før du tenker, prøv.

86 - 3

I am happy today.
Jeg er glad i dag.

86 - 4

Let's ask mom.
La oss spørre mamma.

86 - 5

My father drives safely.
Faren min kjører trygt.

86 - 6

Does he add wealth?
Tilfører han rikdom?

86 - 7

Stop fighting.
Slutt å sloss.

Day 86

Week 13

87 - 1

Don't come near me.
Ikke kom i nærheten av meg.

87 - 2

Let's bring some water.
La oss ta med litt vann.

87 - 3

Help! shark attack!
Hjelp! hai angrep!

87 - 4

Please include me.
Vennligst inkluder meg.

87 - 5

Is she calling you?
Ringer hun deg?

87 - 6

Sorry for my fault.
Beklager min feil.

87 - 7

I live in london.
Jeg bor i london.

Day 87

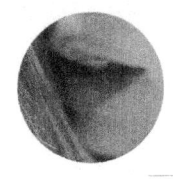

Week 13

88 - 1

I had cookies and tea.
Jeg hadde kaker og te.

88 - 2

I feel feverish.
Jeg føler meg febrilsk.

13/52

88 - 3

Is john in?
Er john med?

88 - 4

I am rather shy.
Jeg er ganske sjenert.

88 - 5

My son turned six.
Sønnen min ble seks år.

88 - 6

Are you being served?
Får du hjelp?

88 - 7

He should exercise more.
Han burde trene mer.

Day 88

LEARN NORWEGIAN IN 52 WEEKS

LEARN NORWEGIAN IN 52 WEEKS WITH 7 SENTENCES A DAY

Week 13

89 - 1

He became a doctor.
Han ble lege.

89 - 2

Is he binding a book?
Binder han en bok?

13/52

89 - 3

Absolutely not.
Absolutt ikke.

89 - 4

Can we meet next friday?
Kan vi møtes neste fredag?

89 - 5

Does the boy arise?
Står gutten opp?

89 - 6

Please open to page 32.
Vennligst åpne til side 32.

89 - 7

She uses a wheelchair.
Hun bruker rullestol.

Day 89

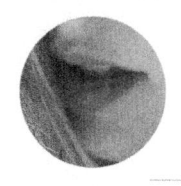

Week 13

90 - 1

I bought three glasses.
Jeg kjøpte tre glass.

90 - 2

We got on the ship.
Vi kom på skipet.

13/52

90 - 3

I'm a terrible singer.
Jeg er en forferdelig sanger.

90 - 4

Please show me.
Vær så snill og vis meg.

90 - 5

No homework for today.
Ingen lekser for i dag.

90 - 6

It's a kind of fruit.
Det er en slags frukt.

90 - 7

Good morning, teacher.
God morgen lærer.

Day 90

Test 13

91 - 1

Turn right.

91 - 2

My father drives safely.

13/52

91 - 3

Please include me.

91 - 4

Is john in?

91 - 5

Is he binding a book?

91 - 6

I bought three glasses.

91 - 7

Good morning, teacher.

Day 91

Week 14

92 - 1

A bird is flying.
En fugl flyr.

92 - 2

Don't play on the road.
Ikke lek på veien.

92 - 3

I have strong teeth.
Jeg har sterke tenner.

92 - 4

Thanks, i'll do it.
Takk, jeg skal gjøre det.

92 - 5

I looked up at the sky.
Jeg så opp mot himmelen.

92 - 6

The view is incredible.
Utsikten er utrolig.

92 - 7

Which bus shall i take?
Hvilken buss skal jeg ta?

Day 92

Week 14

93 - 1

I'm on holiday.
Jeg er på ferie.

93 - 2

He has six children.
Han har seks barn.

93 - 3

We met yesterday.
Vi møttes i går.

93 - 4

He mumbled to himself.
Han mumlet for seg selv.

93 - 5

Hi! how are you doing?
Hei! hvordan går det?

93 - 6

Good luck to you.
Lykke til.

93 - 7

With pleasure.
Med glede.

Day 93

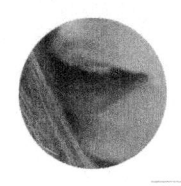

Week 14

94 - 1

When is he returning?
Når kommer han tilbake?

94 - 2

Do you sell swimsuits?
Selger du badedrakter?

94 - 3

This soup is very hot.
Denne suppen er veldig varm.

94 - 4

He works hard every day.
Han jobber hardt hver dag.

94 - 5

He turned the page.
Han snudde siden.

94 - 6

Can i give you a hand?
Kan jeg hjelpe deg?

94 - 7

Do you have a black pen?
Har du en svart penn?

Day 94

Week 14

95 - 1

This dance is easy.
Denne dansen er lett.

95 - 2

I unlaced my shoes.
Jeg snørte av meg skoene.

14/52

95 - 3

What is your opinion?
Hva er din mening?

95 - 4

The steak here is ok.
Biffen her er ok.

95 - 5

Alcohol is colorless.
Alkohol er fargeløst.

95 - 6

I go to a gym.
Jeg går på et treningsstudio.

95 - 7

That's alright.
Det er greit.

Day 95

Week 14

96 - 1

He works out every day.
Han trener hver dag.

96 - 2

See you next time.
Ser deg neste gang.

14/52

96 - 3

What should i do?
Hva burde jeg gjøre?

96 - 4

No one knows the future.
Ingen kjenner fremtiden.

96 - 5

Happy valentine's day!
God valentinsdag!

96 - 6

It's very cool today.
Det er veldig kult i dag.

96 - 7

Welcome home.
Velkommen hjem.

Day 96

LEARN NORWEGIAN IN 52 WEEKS

LEARN NORWEGIAN IN 52 WEEKS WITH 7 SENTENCES A DAY

Week 14

97 - 1

Call the nurse.
Ring sykepleieren.

97 - 2

He is very hadworking.
Han er veldig arbeidsom.

97 - 3

It's too loose.
Den er for vid.

97 - 4

His grades went up.
Karakterene hans gikk opp.

97 - 5

Thanks so much.
Takk så mye.

97 - 6

She has a car.
Hun har en bil.

97 - 7

I don't like him.
Jeg liker ham ikke.

Day 97

Test 14

98 - 1

The view is incredible.

98 - 2

Hi! how are you doing?

98 - 3

He works hard every day.

98 - 4

What is your opinion?

98 - 5

See you next time.

98 - 6

Call the nurse.

98 - 7

I don't like him.

Day 98

Week 15

99 - 1

It is as you say.
Det er som du sier.

99 - 2

That's too expensive.
Det er for dyrt.

99 - 3

Is she writing a letter?
Skriver hun et brev?

99 - 4

They are engaged.
De er forlovet.

99 - 5

And i am good at it.
Og jeg er flink til det.

99 - 6

We have to work on it.
Vi må jobbe med det.

99 - 7

How was your flight?
Hvordan var flyturen?

Day 99

LEARN NORWEGIAN IN 52 WEEKS

LEARN NORWEGIAN IN 52 WEEKS WITH 7 SENTENCES A DAY

Week 15

100 - 1

How's your day?
Hvordan er dagen din?

100 - 2

I'm in charge of sales.
Jeg har ansvaret for salget.

15/52

100 - 3

Who is this man?
Hvem er denne mannen?

100 - 4

I will ask them to wait.
Jeg vil be dem vente.

100 - 5

It wasn't me.
Det var ikke meg.

100 - 6

She has blue eyes.
Hun har blå øyne.

100 - 7

Put on your shirt.
Ta på deg skjorta.

Day 100

Week 15

101 - 1

How sure are you?
Hvor sikker er du?

101 - 2

I prefer reading books.
Jeg foretrekker å lese bøker.

101 - 3

I am in pain.
Jeg har vondt.

101 - 4

She said so.
Hun sa det.

101 - 5

Well, shall we go?
Vel, skal vi gå?

101 - 6

My father loves fishing.
Faren min elsker å fiske.

101 - 7

I hate the dentist.
Jeg hater tannlegen.

Day 101

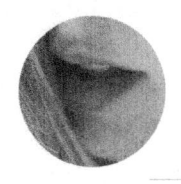

Week 15

102 - 1

I am so stressed.
Jeg er så stresset.

102 - 2

I have no other choice.
Jeg har ikke noe annet valg.

102 - 3

What's your view?
Hva er ditt syn?

102 - 4

The bathroom is there.
Badet er der.

102 - 5

How do i know that?
Hvordan vet jeg det?

102 - 6

Hide it up somewhere.
Gjem det opp et sted.

102 - 7

Please have your seat.
Vennligst sett deg.

Day 102

Week 15

103 - 1

It is not your fault.
Det er ikke din feil.

103 - 2

This is my fiancé.
Dette er min forlovede.

103 - 3

I like wooden houses.
Jeg liker trehus.

103 - 4

Hold the line, please.
Hold linjen er du snill.

103 - 5

Don't doubt yourself.
Ikke tvil på deg selv.

103 - 6

I need a green blouse.
Jeg trenger en grønn bluse.

103 - 7

He hit on a good idea.
Han fikk en god idé.

Day 103

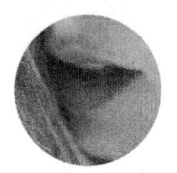

Week 15

104 - 1

I got it.
Jeg har det.

104 - 2

She's very pretty.
Hun er veldig pen.

104 - 3

It's very kind of you.
Det er veldig snilt av deg.

15/52

104 - 4

When did you call him?
Når ringte du ham?

104 - 5

Please feel free.
Vær så snill.

104 - 6

That is 100% cotton.
Det er 100% bomull.

104 - 7

I feel a little sad.
Jeg føler meg litt trist.

Day 104

Test 15

105 - 1

We have to work on it.

105 - 2

It wasn't me.

105 - 3

She said so.

105 - 4

What's your view?

105 - 5

This is my fiancé.

105 - 6

I got it.

105 - 7

I feel a little sad.

Day 105

Week 16

106 - 1

I want to disappear now.
Jeg vil forsvinne nå.

106 - 2

Can i take any message?
Kan jeg ta en melding?

106 - 3

He has a rich spirit.
Han har en rik ånd.

106 - 4

I keep my books here.
Jeg oppbevarer bøkene mine her.

106 - 5

He's surely a hero.
Han er sikkert en helt.

106 - 6

A sheet of pastry.
Et bakverk.

106 - 7

Can you hear me ok?
Hører du meg ok?

Day 106

Week 16

107 - 1

Is the machine working?
Fungerer maskinen?

107 - 2

What time does it start?
Når begynner det?

107 - 3

He has thick eyebrows.
Han har tykke øyenbryn.

107 - 4

I'm from the u.s.
Jeg er fra usa

107 - 5

Close the door properly.
Lukk døren ordentlig.

107 - 6

It might rain today.
Det kan regne i dag.

107 - 7

I'm against it.
Jeg er imot det.

Day 107

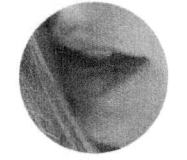

Week 16

108 - 1

In my opinion.
Etter min mening.

108 - 2

He is my best friend.
Han er min beste venn.

108 - 3

We have plenty of time.
Vi har god tid.

16/52

108 - 4

Don't beat him.
Ikke slå ham.

108 - 5

I'm positive.
Jeg er positiv.

108 - 6

I am really cold.
Jeg er skikkelig kald.

108 - 7

He is fine.
Han har det bra.

Day 108

Week 16

109 - 1

Next please.
Værsågod neste.

109 - 2

Please pay in cash.
Vennligst betal kontant.

109 - 3

Where do i come from?
Hvor kommer jeg fra?

109 - 4

That's not right.
Det er ikke riktig.

109 - 5

It's raining.
Det regner.

109 - 6

Is he giving the book?
Gir han boka?

109 - 7

He's an actor.
Han er en skuespiller.

Day 109

Week 16

110 - 1

It's half past eleven.
Den er halv tolv.

110 - 2

She's a busy person.
Hun er en travel person.

110 - 3

She is a bad woman.
Hun er en dårlig kvinne.

16/52

110 - 4

It's too loose for me.
Det er for løst for meg.

110 - 5

All are fine.
Alle er fine.

110 - 6

He's still young.
Han er fortsatt ung.

110 - 7

I study philosophy.
Jeg studerer filosofi.

Day 110

Week 16

111 - 1

I don't have some cash.
Jeg har ikke penger.

111 - 2

This door is automatic.
Denne døren er automatisk.

111 - 3

Wear your life guards.
Bruk livvaktene dine.

111 - 4

I have a sore throat.
Jeg har en sår hals.

111 - 5

Did i ask you?
Spurte jeg deg?

111 - 6

Is it all true?
Er alt sant?

111 - 7

Do not drink.
Ikke drikk.

Day 111

Test 16

112 - 1

A sheet of pastry.

112 - 2

Close the door properly.

112 - 3

Don't beat him.

16/52

112 - 4

Where do i come from?

112 - 5

She's a busy person.

112 - 6

I don't have some cash.

112 - 7

Do not drink.

Day 112

Week 17

113 - 1

He was shivering.
Han skalv.

113 - 2

I will call for help.
Jeg vil ringe etter hjelp.

113 - 3

She likes traveling.
Hun liker å reise.

113 - 4

I was kidnapped.
Jeg ble kidnappet.

113 - 5

The house is roomy.
Huset er romslig.

113 - 6

We have an emergency.
Vi har en nødsituasjon.

113 - 7

We met on the internet.
Vi møttes på internett.

Day 113

Week 17

114 - 1

He's a fine man.
Han er en fin mann.

114 - 2

Who will help you?
Hvem vil hjelpe deg?

114 - 3

You're bleeding.
Du blør.

17/52

114 - 4

I couldn't agree more.
Jeg kunne ikke vært mer enig.

114 - 5

I'm finished.
Jeg er ferdig.

114 - 6

Get out of my sight.
Kom deg ut av synet mitt.

114 - 7

The house is spacious.
Huset er romslig.

Day 114

LEARN NORWEGIAN IN 52 WEEKS

LEARN NORWEGIAN IN 52 WEEKS WITH 7 SENTENCES A DAY

Week 17

115 - 1

My luggage is lost.
Bagasjen min er tapt.

115 - 2

Monitor your weight.
Overvåk vekten din.

17/52

115 - 3

May i come in?
Kan jeg komme inn?

115 - 4

My nails have grown.
Neglene mine har vokst.

115 - 5

What have you decided?
Hva har du bestemt deg for?

115 - 6

My foot went numb.
Foten min ble nummen.

115 - 7

He tried an experiment.
Han prøvde et eksperiment.

Day 115

Week 17

116 - 1

Goodbye.
Ha det.

116 - 2

She's studying drama.
Hun studerer drama.

116 - 3

Let's talk calmly.
La oss snakke rolig.

17/52

116 - 4

A stick of butter.
En stang smør.

116 - 5

You've made my day.
Du har gjort dagen min.

116 - 6

Do you have a pen?
Har du en penn?

116 - 7

Switch off the t.v.
Slå av tv-en.

Day 116

Week 17

117 - 1

That's an extreme idea.
Det er en ekstrem idé.

117 - 2

He's growing a beard.
Han gror skjegg.

117 - 3

The line is busy.
Linjen er opptatt.

117 - 4

I'm very hungry.
Jeg er veldig sulten.

117 - 5

What time is it leaving?
Når går det?

117 - 6

Don't be late.
Ikke kom for sent.

117 - 7

What a bad idea.
For en dårlig idé.

Day 117

Week 17

118 - 1

My father's a lawyer.
Faren min er advokat.

118 - 2

Blue is your colour!
Blå er din farge!

118 - 3

He likes spicy food.
Han liker krydret mat.

17/52

118 - 4

I handed him the letter.
Jeg ga ham brevet.

118 - 5

The road is closed.
Veien er stengt.

118 - 6

You can do it!
Du kan gjøre det!

118 - 7

Go ahead.
Gå videre.

Day 118

Test 17

119 - 1

We have an emergency.

119 - 2

I'm finished.

119 - 3

My nails have grown.

119 - 4

Let's talk calmly.

119 - 5

He's growing a beard.

119 - 6

My father's a lawyer.

119 - 7

Go ahead.

Day 119

Week 18

120 - 1

I like this bag.
Jeg liker denne vesken.

120 - 2

I would rather go home.
Jeg vil heller gå hjem.

120 - 3

How late is it?
Hvor sent er det?

18/52

120 - 4

I don't mind.
Jeg har ikke noe imot.

120 - 5

She's an office worker.
Hun er kontorarbeider.

120 - 6

I run my own business.
Jeg driver min egen virksomhet.

120 - 7

I got a new job.
Jeg har fått ny jobb.

Day 120

Week 18

121 - 1

Is everyone injured?
Er alle skadet?

121 - 2

This apple's rotten.
Dette eplet er råttent.

121 - 3

I banged on the door.
Jeg banket på døren.

121 - 4

I slept well last night.
Jeg sov godt i natt.

121 - 5

I don't need a bag.
Jeg trenger ikke en veske.

121 - 6

Where are you from?
Hvor er du fra?

121 - 7

Coffee is on the house.
Kaffe er på huset.

Day 121

Week 18

122 - 1

He's hurt his ankle.
Han har skadet ankelen.

122 - 2

Nice to meet you.
Hyggelig å møte deg.

122 - 3

Who knows the answer?
Hvem vet svaret?

18/52

122 - 4

He led her in the dance.
Han ledet henne i dansen.

122 - 5

How tall are you?
Hvor høy er du?

122 - 6

Put out the fire.
Slukk brannen.

122 - 7

Take a look around.
Ta en titt rundt.

Day 122

Week 18

123 - 1

The bag was sold out.
Posen var utsolgt.

123 - 2

She ironed the shirt.
Hun strøk skjorta.

123 - 3

I work at a bank.
Jeg jobber i en bank.

123 - 4

Everybody is fine.
Alle har det bra.

123 - 5

I don't know yet.
Jeg vet ikke ennå.

123 - 6

She helped a sick dog.
Hun hjalp en syk hund.

123 - 7

Can i travel?
Kan jeg reise?

Day 123

Week 18

124 - 1

Very good!
Veldig bra!

124 - 2

It's too expensive.
Det er for dyrt.

124 - 3

It is quite tasty.
Det er ganske velsmakende.

18/52

124 - 4

The moon is waxing.
Månen vokser.

124 - 5

I need health insurance.
Jeg trenger helseforsikring.

124 - 6

Talk to you later.
Snakkes senere.

124 - 7

Draw a big circle there.
Tegn en stor sirkel der.

Day 124

Week 18

125 - 1

Is she reading a novel?
Leser hun en roman?

125 - 2

What is wrong with you?
Hva er galt med deg?

125 - 3

Keep the change.
Behold vekslepengene.

125 - 4

This is a danger zone.
Dette er en faresone.

125 - 5

He's a very fun person.
Han er en veldig morsom person.

125 - 6

Where are the shops?
Hvor er butikkene?

125 - 7

Have a nice weekend.
Ha en fin helg.

Day 125

Test 18

126 - 1

I run my own business.

126 - 2

I don't need a bag.

126 - 3

He led her in the dance.

126 - 4

I work at a bank.

126 - 5

It's too expensive.

126 - 6

Is she reading a novel?

126 - 7

Have a nice weekend.

Day 126

Week 19

127 - 1

He is ten years old.
Han er ti år gammel.

127 - 2

Please sit there.
Sitt der.

127 - 3

Sure, go ahead.
Klart gjør det.

127 - 4

I am living in london.
Jeg bor i london.

127 - 5

I saw the trailer.
Jeg så traileren.

127 - 6

I love summer.
Jeg elsker sommer.

127 - 7

Don't act recklessly.
Ikke oppfør hensynsløst.

Day 127

Week 19

128 - 1

This smells too sweet.
Dette lukter for søtt.

128 - 2

He lost his girlfriend.
Han mistet kjæresten sin.

128 - 3

How is the new house?
Hvordan er det nye huset?

128 - 4

He loaded the pistol.
Han ladet pistolen.

128 - 5

She is my mother.
Hun er min mor.

128 - 6

Any message please?
Noen melding takk?

128 - 7

It's very near.
Det er veldig nært.

Day 128

Week 19

129 - 1

Yes, i've got one.
Ja, jeg har en.

129 - 2

It was pouring today.
Det regnet i dag.

129 - 3

He has no time.
Han har ikke tid.

129 - 4

He is a business man.
Han er en forretningsmann.

129 - 5

I return home at 6.30.
Jeg kommer hjem 06.30.

129 - 6

Work in progress.
Arbeid pågår.

129 - 7

It is a heart attack.
Det er et hjerteinfarkt.

Day 129

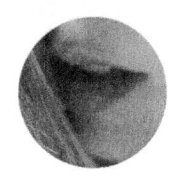

Week 19

130 - 1

I mended it.
Jeg fikset det.

130 - 2

Is this seat taken?
Er dette sete opptatt?

130 - 3

Keep cool.
Hold deg kjølig.

130 - 4

Is the story true?
Er historien sann?

130 - 5

How is this cooked?
Hvordan tilberedes dette?

130 - 6

Ask him directly.
Spør ham direkte.

130 - 7

The food here is bad.
Maten her er dårlig.

Day 130

Week 19

131 - 1

Come again?
Kom igjen?

131 - 2

I haven't decided yet.
Jeg har ikke bestemt meg enda.

131 - 3

That girl is trendy.
Den jenta er trendy.

131 - 4

I write right-handed.
Jeg skriver høyrehendt.

131 - 5

He has long legs.
Han har lange ben.

131 - 6

He dared to face danger.
Han våget å møte fare.

131 - 7

Don't go there.
Ikke gå dit.

Day 131

Week 19

132 - 1

I'm painting the wall.
Jeg maler veggen.

132 - 2

No classes tomorrow.
Ingen undervisning i morgen.

132 - 3

My wife is from london.
Min kone er fra london.

132 - 4

Bye. take care.
Ha det. ha det fint.

132 - 5

My kid wants some juice.
Barnet mitt vil ha juice.

132 - 6

The server is down.
Serveren er nede.

132 - 7

I am so into you.
Jeg er så glad i deg.

Day 132

Test 19

133 - 1

I love summer.

133 - 2

She is my mother.

133 - 3

He is a business man.

133 - 4

Keep cool.

133 - 5

I haven't decided yet.

133 - 6

I'm painting the wall.

133 - 7

I am so into you.

Day 133

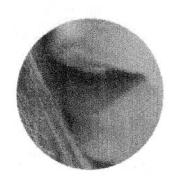

Week 20

134 - 1
That sounds nice.
Det høres bra ut.

134 - 2
Is your wife employed?
Er kona di ansatt?

134 - 3
I have made a mistake.
Jeg har gjort en feil.

134 - 4
Please imitate my move.
Vennligst imiter trekket mitt.

134 - 5
Can i sit here?
Kan jeg sitte her?

134 - 6
Do not lie.
Ikke lyv.

134 - 7
Let's pay separately.
La oss betale separat.

Day 134

Week 20

135 - 1

This whisky is strong.
Denne whiskyen er sterk.

135 - 2

Focus on your goal.
Fokuser på målet ditt.

135 - 3

Send him out.
Send ham ut.

135 - 4

I love my family.
Jeg elsker familien min.

135 - 5

What is this?
Hva er dette?

135 - 6

Start the engine.
Start motoren.

135 - 7

How do i go about?
Hvordan går jeg frem?

Day 135

Week 20

136 - 1

Do not open.
Ikke åpne.

136 - 2

I'm from roma.
Jeg er fra roma.

136 - 3

Is the rumor true?
Er ryktet sant?

136 - 4

He is not available.
Han er ikke tilgjengelig.

136 - 5

My watch is stopped.
Klokken min er stoppet.

136 - 6

The house is big.
Huset er stort.

136 - 7

I like reading books.
Jeg liker å lese bøker.

Day 136

Week 20

137 - 1

He has a good heart.
Han har et godt hjerte.

137 - 2

I am doing business.
Jeg driver forretninger.

137 - 3

Please give me a hint.
Gi meg et hint.

137 - 4

The skirt is too short.
Skjørtet er for kort.

137 - 5

The water is soft.
Vannet er mykt.

137 - 6

Please breathe slowly.
Vennligst pust sakte.

137 - 7

Does the dog bite?
Biter hunden?

Day 137

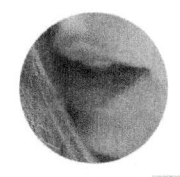

Week 20

138 - 1

It's too late now.
Det er for sent nå.

138 - 2

Please keep working.
Fortsett å jobbe.

138 - 3

I got a perfect score.
Jeg fikk en perfekt score.

138 - 4

Where is the post box?
Hvor er postboksen?

138 - 5

Your sister is kind.
Søsteren din er snill.

138 - 6

There are seven bananas.
Det er syv bananer.

138 - 7

Let me pour you a drink.
La meg skjenke deg en drink.

Day 138

Week 20

139 - 1

He is not a bad person.
Han er ikke en dårlig person.

139 - 2

Is she going to delhi?
Skal hun til delhi?

139 - 3

Could you repeat?
Kan du gjenta?

139 - 4

Here's thirty dollars.
Her er tretti dollar.

139 - 5

This bra is too small.
Denne bh-en er for liten.

139 - 6

What is your dress size?
Hva er kjolestørrelsen din?

139 - 7

It's very hot today.
Det er veldig varmt i dag.

Day 139

Test 20

140 - 1

Do not lie.

140 - 2

What is this?

140 - 3

He is not available.

20/52

140 - 4

Please give me a hint.

140 - 5

Please keep working.

140 - 6

He is not a bad person.

140 - 7

It's very hot today.

Day 140

Week 21

141 - 1

My room is rectangular.
Rommet mitt er rektangulært.

141 - 2

I belong to chicago.
Jeg tilhører chicago.

141 - 3

Here's the menu.
Her er menyen.

141 - 4

How much is it?
Hvor mye er det?

141 - 5

I have to go now.
Jeg må gå nå.

141 - 6

I love dogs.
Jeg elsker hunder.

141 - 7

She left a message.
Hun la igjen en melding.

Day 141

Week 21

142 - 1

I took the first train.
Jeg tok det første toget.

142 - 2

Any ideas?
Noen ideer?

142 - 3

Read the paragraph.
Les avsnittet.

21/52

142 - 4

My name is john.
Mitt navn er john.

142 - 5

It's been so cold.
Det har vært så kaldt.

142 - 6

She has a lot of dolls.
Hun har mange dukker.

142 - 7

I was locked up.
Jeg ble låst inne.

Day 142

Week 21

143 - 1

Motivate yourself.
Motiver deg selv.

143 - 2

Remind me.
Minn meg på.

143 - 3

Cross the street.
Krysse gaten.

143 - 4

I arrived home safely.
Jeg kom trygt hjem.

143 - 5

I've been tired today.
Jeg har vært sliten i dag.

143 - 6

I sorted out my clothes.
Jeg ordnet klærne mine.

143 - 7

Do not wet clean.
Ikke våtrengjør.

Day 143

Week 21

144 - 1

The train door opened.
Togdøren åpnet seg.

144 - 2

I feel very depressed.
Jeg føler meg veldig deprimert.

144 - 3

I'm in a lot of pain.
Jeg har mye vondt.

21/52

144 - 4

John, this is mary.
John, dette er mary.

144 - 5

Did anybody come?
Kom det noen?

144 - 6

No, i did not do it.
Nei, jeg gjorde det ikke.

144 - 7

I feel very tired.
Jeg føler meg veldig sliten.

Day 144

Week 21

145 - 1

He is a good cook.
Han er en god kokk.

145 - 2

I live on my own.
Jeg bor for meg selv.

145 - 3

Sunglasses suit him.
Solbriller passer ham.

145 - 4

He came on wednesday.
Han kom på onsdag.

145 - 5

Drink your coffee.
Drikk kaffen din.

145 - 6

I will not buy it.
Jeg vil ikke kjøpe den.

145 - 7

He is out of town.
Han er utenfor byen.

Day 145

Week 21

146 - 1

Look before you leap.
Se før du hopper.

146 - 2

I feel sick today.
Jeg føler meg syk i dag.

146 - 3

What are you doing?
Hva gjør du?

146 - 4

He took off his glasses.
Han tok av seg brillene.

146 - 5

Could i speak to john?
Kan jeg snakke med john?

146 - 6

She's 27 years old.
Hun er 27 år gammel.

146 - 7

Yes. certainly.
Ja. sikkert.

Day 146

Test 21

147 - 1

I love dogs.

147 - 2

It's been so cold.

147 - 3

I arrived home safely.

21/52

147 - 4

I'm in a lot of pain.

147 - 5

I live on my own.

147 - 6

Look before you leap.

147 - 7

Yes. certainly.

Day 147

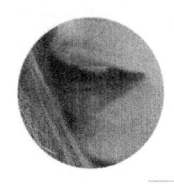

Week 22

148 - 1

They often play tennis.
De spiller ofte tennis.

148 - 2

I'm 27 years old.
Jeg er 27 år gammel.

148 - 3

There's a book here.
Det er en bok her.

148 - 4

She has big legs.
Hun har store bein.

148 - 5

Turn around.
Snu.

148 - 6

I'm lending him a book.
Jeg låner ham en bok.

148 - 7

No jumping.
Ingen hopping.

Day 148

Week 22

149 - 1

Don't disturb me.
Ikke forstyrr meg.

149 - 2

How are things?
Hvordan går det?

149 - 3

Do the home work.
Gjør hjemmearbeidet.

149 - 4

The last step is.
Det siste trinnet er.

149 - 5

Take care of yourself.
Ta vare på deg selv.

149 - 6

Roses smell sweet.
Roser lukter søtt.

149 - 7

Don't make me angry.
Ikke gjør meg sint.

Day 149

Week 22

150 - 1

Eat slowly.
Spis sakte.

150 - 2

I love stopovers.
Jeg elsker mellomlandinger.

150 - 3

I like strong tastes.
Jeg liker sterke smaker.

150 - 4

How about water?
Hva med vann?

150 - 5

He's good at singing.
Han er flink til å synge.

150 - 6

It's been too long.
Det har vært for lenge.

150 - 7

Is everything alright?
Er alt i orden?

Day 150

Week 22

151 - 1

How was your vacation?
Hvordan var ferien din?

151 - 2

You are beautiful.
Du er vakker.

151 - 3

She is a youth icon.
Hun er et ungdomsikon.

151 - 4

He spat on the ground.
Han spyttet i bakken.

151 - 5

I am nervous.
Jeg er nervøs.

151 - 6

All right.
Greit.

151 - 7

I don't think so.
Jeg tror ikke det.

Day 151

Week 22

152 - 1

I injured my thumb.
Jeg skadet tommelen.

152 - 2

Is the seat vacant?
Er setet ledig?

152 - 3

Listen to me.
Hør på meg.

152 - 4

No thanks, i'll pass.
Nei takk, jeg passerer.

152 - 5

What was your best trip?
Hva var din beste tur?

152 - 6

She's wearing boots.
Hun har på seg støvler.

152 - 7

Be aware of cyclists.
Vær oppmerksom på syklister.

Day 152

Week 22

153 - 1

Open for residents.
Åpent for beboere.

153 - 2

She despised him.
Hun foraktet ham.

153 - 3

Have you been lifting?
Har du løftet?

153 - 4

Can you show me how to?
Kan du vise meg hvordan?

153 - 5

He is doing fine.
Han har det bra.

153 - 6

We've run out of time.
Vi har gått tom for tid.

153 - 7

He's full of energy.
Han er full av energi.

Day 153

Test 22

154 - 1

I'm lending him a book.

154 - 2

Take care of yourself.

154 - 3

How about water?

154 - 4

She is a youth icon.

154 - 5

Is the seat vacant?

154 - 6

Open for residents.

154 - 7

He's full of energy.

Day 154

Week 23

155 - 1

Add a little more salt.
Tilsett litt mer salt.

155 - 2

He's a soccer player.
Han er en fotballspiller.

155 - 3

We studied democracy.
Vi studerte demokrati.

155 - 4

The ship sank.
Skipet sank.

155 - 5

Don't worry about it.
Ikke bekymre deg for det.

155 - 6

I'm thirsty.
Jeg er tørst.

155 - 7

Is he breathing?
Puster han?

Day 155

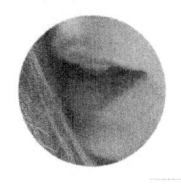

Week 23

156 - 1

Who's speaking?
Hvem snakker?

156 - 2

He burned his hand.
Han brant hånden.

156 - 3

Why did he come here?
Hvorfor kom han hit?

23/52

156 - 4

I'll be glad to do so.
Det gjør jeg gjerne.

156 - 5

He broke his promise.
Han brøt løftet.

156 - 6

I broke my arm.
Jeg brakk armen min.

156 - 7

I need life insurance.
Jeg trenger livsforsikring.

Day 156

Week 23

157 - 1

That's very kind of you.
Det er veldig snilt av deg.

157 - 2

It does not fit my size.
Den passer ikke til min størrelse.

157 - 3

I doubt it.
Det tviler jeg på.

157 - 4

I feel giddy.
Jeg føler meg svimmel.

157 - 5

This is my teacher.
Dette er læreren min.

157 - 6

Happy new year!
Godt nytt år!

157 - 7

My car has broken down.
Bilen min har gått i stykker.

Day 157

Week 23

158 - 1

Are you free next week?
Er du ledig neste uke?

158 - 2

I missed the bus.
Jeg mistet bussen.

158 - 3

I feel hungry.
Jeg er sulten.

158 - 4

My husband is out now.
Mannen min er ute nå.

158 - 5

It's windy.
Det blåser.

158 - 6

The stew burnt.
Stuingen brant.

158 - 7

She smiled at me.
Hun smilte til meg.

Day 158

Week 23

159 - 1

She is not that stupid.
Hun er ikke så dum.

159 - 2

It's too big for me.
Den er for stor for meg.

159 - 3

I don't like crowds.
Jeg liker ikke folkemengder.

23/52

159 - 4

I like you.
Jeg liker deg.

159 - 5

Please bring the chair.
Ta gjerne med stolen.

159 - 6

I like dogs.
Jeg liker hunder.

159 - 7

Could i have a receipt?
Kan jeg få en kvittering?

Day 159

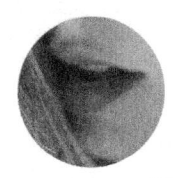

Week 23

160 - 1

Where is the exit?
Hvor er utgangen?

160 - 2

Does the bomb blast?
Sprenges bomben?

160 - 3

Is this show good?
Er dette showet bra?

160 - 4

The earth is round.
Jorden er rund.

160 - 5

I had twin baby girls.
Jeg fikk tvillingjenter.

160 - 6

She glared at me.
Hun stirret på meg.

160 - 7

Lastly, you.
Til slutt, du.

Day 160

Test 23

161 - 1

I'm thirsty.

161 - 2

He broke his promise.

161 - 3

I feel giddy.

161 - 4

I feel hungry.

161 - 5

It's too big for me.

161 - 6

Where is the exit?

161 - 7

Lastly, you.

Day 161

Week 24

162 - 1

Does she behold me?
Ser hun meg?

162 - 2

Who are your bankers?
Hvem er dine bankfolk?

162 - 3

Hello everyone.
Hei alle sammen.

162 - 4

What is his name?
Hva heter han?

24/52

162 - 5

You're kidding.
Du tuller.

162 - 6

Please take me along.
Vennligst ta meg med.

162 - 7

Have lunch.
Ha lunsj.

Day 162

Week 24

163 - 1

It's sunny.
Det er sol.

163 - 2

That's a nuisance.
Det er en plage.

163 - 3

That's not always true.
Det er ikke alltid sant.

24/52

163 - 4

Does the dog bark?
Bjeffer hunden?

163 - 5

I am a social worker.
Jeg er sosialarbeider.

163 - 6

What a letdown.
For en nedtur.

163 - 7

Dry your hair well.
Tørk håret godt.

Day 163

Week 24

164 - 1

Let me help you.
La meg hjelpe deg.

164 - 2

What about you?
Hva med deg?

164 - 3

He's already gone home.
Han har allerede dratt hjem.

164 - 4

A sack of rice.
En sekk med ris.

164 - 5

It's time to leave.
Det er på tide å dra.

164 - 6

He is very sensitive.
Han er veldig følsom.

164 - 7

The steak looks rare.
Biffen ser sjelden ut.

Day 164

Week 24

165 - 1

Do not stare at people.
Ikke stirr på folk.

165 - 2

I'll ride there.
Jeg skal sykle dit.

165 - 3

Don't threaten me.
Ikke tru meg.

165 - 4

I apologize for.
Jeg beklager for.

165 - 5

Bless you!
Velsigne deg!

165 - 6

I like to be alone.
Jeg liker å være alene.

165 - 7

I have my own business.
Jeg har mitt eget firma.

Day 165

Week 24

166 - 1

Can i have one?
Kan jeg få en?

166 - 2

Forget the past.
Glem fortiden.

166 - 3

Is breakfast included?
Er frokost inkludert?

166 - 4

It's nice out today.
Det er fint ute i dag.

166 - 5

This ball bounces well.
Denne ballen spretter godt.

166 - 6

Find the value of x.
Finn verdien av x.

166 - 7

Did you type the letter?
Skrev du bokstaven?

Day 166

Week 24

167 - 1

Where's the station?
Hvor er stasjonen?

167 - 2

Are you joking?
Tuller du?

167 - 3

Stop chattering.
Slutt å skravle.

167 - 4

We entered the woods.
Vi gikk inn i skogen.

167 - 5

It was my mistake.
Det var min feil.

167 - 6

I got sand in my shoes.
Jeg har sand i skoene.

167 - 7

The knife cuts well.
Kniven skjærer godt.

Day 167

Test 24

168 - 1

Please take me along.

168 - 2

I am a social worker.

168 - 3

A sack of rice.

168 - 4

Don't threaten me.

24/52

168 - 5

Forget the past.

168 - 6

Where's the station?

168 - 7

The knife cuts well.

Day 168

Week 25

169 - 1

I put butter in curry.
Jeg legger smør i karri.

169 - 2

Please keep quiet.
Vær stille.

169 - 3

What do you see?
Hva ser du?

169 - 4

My shoulders are stiff.
Skuldrene mine er stive.

169 - 5

Is he at home?
Er han hjemme?

169 - 6

I can do it.
Jeg kan gjøre det.

169 - 7

Have a nice day!
Ha en fin dag!

Day 169

Week 25

170 - 1

I keep my promise.
Jeg holder løftet mitt.

170 - 2

With whom did you come?
Hvem kom du med?

170 - 3

She had surgery.
Hun ble operert.

170 - 4

What time does it end?
Når slutter det?

25/52

170 - 5

Where is the bus stop?
Hvor er busstoppet?

170 - 6

I go to school by train.
Jeg går til skolen med tog.

170 - 7

Buy one get one free.
Kjøp en, få en gratis.

Day 170

Week 25

171 - 1

It's going to rain.
Det kommer til å regne.

171 - 2

She's always smiling.
Hun smiler alltid.

171 - 3

I'll be online.
Jeg vil være online.

171 - 4

Nice wearther, isn't it?
Fin wearther, ikke sant?

171 - 5

I wrote him a letter.
Jeg skrev et brev til ham.

171 - 6

Are you good at tennis?
Er du god i tennis?

171 - 7

He is unconscious.
Han er bevisstløs.

Day 171

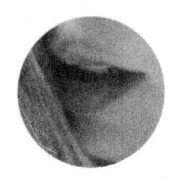

Week 25

172 - 1

You can go home.
Du kan gå hjem.

172 - 2

I'll connect you now.
Jeg kobler deg nå.

172 - 3

This match is a draw.
Denne kampen er uavgjort.

172 - 4

I have some books.
Jeg har noen bøker.

172 - 5

This is my husband.
Dette er min mann.

172 - 6

We sang loudly.
Vi sang høyt.

172 - 7

He is a national hero.
Han er en nasjonal helt.

Day 172

Week 25

173 - 1

I have no problem.
Jeg har ikke noe problem.

173 - 2

Please check the tyres.
Vennligst sjekk dekkene.

173 - 3

He's a nice guy.
Han er en hyggelig fyr.

173 - 4

How are your grades?
Hvordan er karakterene dine?

173 - 5

Is it true?
Er det sant?

173 - 6

No, not at all.
Nei ikke i det hele tatt.

173 - 7

I told him everything.
Jeg fortalte ham alt.

Day 173

Week 25

174 - 1

What brings you here?
Hva bringer deg hit?

174 - 2

I'm grilling fish now.
Jeg griller fisk nå.

174 - 3

Are you not well?
Har du det ikke bra?

174 - 4

This is a secret.
Dette er en hemmelighet.

25/52

174 - 5

She loves festivals.
Hun elsker festivaler.

174 - 6

This is my sister.
Dette er min søster.

174 - 7

We drink tea every day.
Vi drikker te hver dag.

Day 174

LEARN NORWEGIAN IN 52 WEEKS

LEARN NORWEGIAN IN 52 WEEKS WITH 7 SENTENCES A DAY

Test 25

175 - 1

I can do it.

175 - 2

Where is the bus stop?

175 - 3

Nice wearther, isn't it?

175 - 4

This match is a draw.

175 - 5

Please check the tyres.

175 - 6

What brings you here?

175 - 7

We drink tea every day.

Day 175

Week 26

176 - 1

Certainly.
Sikkert.

176 - 2

Who is still answering?
Hvem svarer fortsatt?

176 - 3

He was very helpful.
Han var veldig hjelpsom.

176 - 4

It's 16th june.
Det er 16. juni.

176 - 5

Just take it easy.
Ta det med ro.

176 - 6

Whose parcel is this?
Hvem sin pakke er dette?

176 - 7

He knows my number.
Han vet nummeret mitt.

Day 176

Week 26

177 - 1

He's studying now.
Han studerer nå.

177 - 2

I changed the sheets.
Jeg byttet arkene.

177 - 3

I'm truly sorry.
Jeg beklager virkelig.

177 - 4

I work from home.
Jeg jobber hjemmefra.

177 - 5

What is your occupation?
Hva er ditt yrke?

177 - 6

Your guest has arrived.
Gjesten din har ankommet.

177 - 7

Can i leave my bag here?
Kan jeg legge igjen vesken min her?

Day 177

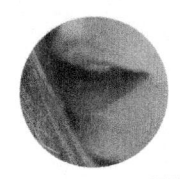

Week 26

178 - 1

She's greedy.
Hun er grådig.

178 - 2

Sure. i'll come.
Sikker. jeg kommer.

178 - 3

Do you play any sports?
Driver du med idrett?

178 - 4

I really enjoyed it.
Jeg likte det virkelig.

178 - 5

Are you free tomorrow?
Er du ledig i morgen?

178 - 6

She was born in paris.
Hun ble født i paris.

178 - 7

Take care.
Ha det fint.

Day 178

Week 26

179 - 1

She has good manners.
Hun har gode manerer.

179 - 2

L feel sad today.
Jeg føler meg trist i dag.

179 - 3

Dry flat in shade.
Tørk flatt i skyggen.

179 - 4

Please open the door.
Vennligst åpne døren.

179 - 5

Absolutely.
Absolutt.

179 - 6

I go by train.
Jeg går med tog.

179 - 7

I do the paperwork.
Jeg gjør papirene.

Day 179

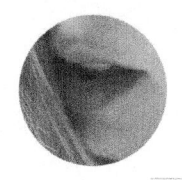

Week 26

180 - 1

I had cake for dessert.
Jeg hadde kake til dessert.

180 - 2

It's a waste of time.
Det er bortkastet tid.

180 - 3

He's a wonderful man.
Han er en fantastisk mann.

180 - 4

I think you're right.
Jeg tror du har rett.

180 - 5

Don't get angry.
Ikke bli sint.

180 - 6

How long will it take?
Hvor lang tid vil det ta?

180 - 7

Thank you very much.
Tusen takk.

Day 180

Week 26

181 - 1

In what price range?
I hvilken prisklasse?

181 - 2

Don't move with them.
Ikke flytt med dem.

181 - 3

Did our client arrive?
Kom vår klient?

181 - 4

It's midnight.
Det er midnatt.

181 - 5

He's a taxi driver.
Han er taxisjåfør.

181 - 6

Don't be afraid.
Ikke vær redd.

181 - 7

What's up?
Hva skjer?

Day 181

Test 26

182 - 1

Whose parcel is this?

182 - 2

What is your occupation?

182 - 3

I really enjoyed it.

182 - 4

Dry flat in shade.

182 - 5

It's a waste of time.

182 - 6

In what price range?

182 - 7

What's up?

Day 182

Week 27

183 - 1

I've got to go now.
Jeg må gå nå.

183 - 2

I sold old books.
Jeg solgte gamle bøker.

183 - 3

I have a backache.
Jeg har ryggsmerter.

183 - 4

Put on your slippers!
Ta på deg tøflene!

183 - 5

He gulped down water.
Han slukte vann.

183 - 6

Please don't be so sad.
Vær så snill, ikke vær så trist.

183 - 7

My friend got divorced.
Vennen min ble skilt.

Day 183

Week 27

184 - 1

I'll give you this book.
Jeg skal gi deg denne boken.

184 - 2

You're hired.
Du er ansatt.

184 - 3

Is he coming regularly?
Kommer han regelmessig?

184 - 4

I have office tomorrow.
Jeg har kontor i morgen.

184 - 5

I believe you.
Jeg tror deg.

184 - 6

I'm hungry.
Jeg er sulten.

184 - 7

I know that.
Jeg vet det.

Day 184

Week 27

185 - 1
I feel lazy to get up.
Jeg føler meg lat til å reise meg.

185 - 2
I caught a butterfly.
Jeg fanget en sommerfugl.

185 - 3
I hate carrots.
Jeg hater gulrøtter.

185 - 4
I hate ironing.
Jeg hater å stryke.

185 - 5
Do you have a match?
Har du en match?

185 - 6
It's eleven o'clock.
Klokken er elleve.

185 - 7
It's very unlikely.
Det er veldig usannsynlig.

Day 185

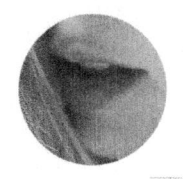

Week 27

186 - 1

He is on leave.
Han har permisjon.

186 - 2

He has my number.
Han har nummeret mitt.

186 - 3

He's a rational person.
Han er en rasjonell person.

186 - 4

Meet me tomorrow.
Møt meg i morgen.

27/52

186 - 5

Don't mention it.
Ikke nevne det.

186 - 6

I sealed the letter.
Jeg forseglet brevet.

186 - 7

Don't cry.
Ikke gråt.

Day 186

Week 27

187 - 1

I didn't wake up early.
Jeg våknet ikke tidlig.

187 - 2

He's still single.
Han er fortsatt singel.

187 - 3

Attend to the phone.
Pass på telefonen.

187 - 4

Please forgive me.
Vær så snill å tilgi meg.

187 - 5

There's nothing here.
Det er ingenting her.

187 - 6

I am from paris.
Jeg er fra paris.

187 - 7

Your skirt is rumpled.
Skjørtet ditt er krøllete.

Day 187

Week 27

188 - 1

I hate onions.
Jeg hater løk.

188 - 2

Brilliant idea!
Strålende idé!

188 - 3

Our cat had kittens.
Katten vår hadde kattunger.

188 - 4

Good afternoon.
God ettermiddag.

188 - 5

Yes, please.
Ja takk.

188 - 6

No, i don't mind.
Nei, jeg har ikke noe imot det.

188 - 7

That's a good idea.
Det er en god ide.

Day 188

Test 27

189 - 1

Please don't be so sad.

189 - 2

I believe you.

189 - 3

I hate ironing.

189 - 4

He's a rational person.

189 - 5

He's still single.

189 - 6

I hate onions.

189 - 7

That's a good idea.

Day 189

Week 28

190 - 1

You're wrong.
Du tar feil.

190 - 2

He's good at baseball.
Han er god i baseball.

190 - 3

I am bold.
Jeg er dristig.

190 - 4

My son is left-handed.
Sønnen min er venstrehendt.

190 - 5

He was overtaking.
Han kjørte forbi.

190 - 6

You must be tired
Du må være trøtt

190 - 7

What time do you open?
Når åpner du?

Day 190

Week 28

191 - 1

What's that?
Hva er det?

191 - 2

I don't know for sure.
Jeg vet ikke sikkert.

191 - 3

She was very brave.
Hun var veldig modig.

191 - 4

There's a sample here.
Det er et eksempel her.

191 - 5

I'm sleepy.
Jeg er trøtt.

191 - 6

Best regards.
Med vennlig hilsen.

191 - 7

How old is your son?
Hvor gammel er sønnen din?

Day 191

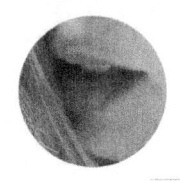

Week 28

192 - 1

How long will you stay?
Hvor lenge blir du?

192 - 2

How big is that house?
Hvor stort er det huset?

192 - 3

How disappointing.
Hvor skuffende.

192 - 4

Before you begin.
Før du begynner.

192 - 5

I have a fever.
Jeg har feber.

192 - 6

When do you return home?
Når kommer du hjem?

192 - 7

My nose is stuffed up.
Nesen min er tett.

Day 192

Week 28

193 - 1

Why didn't you come?
Hvorfor kom du ikke?

193 - 2

I feel dizzy.
Jeg føler meg svimmel.

193 - 3

Stay with me.
Bli hos meg.

193 - 4

I need more exercise.
Jeg trenger mer trening.

193 - 5

Who would like to read?
Hvem vil lese?

193 - 6

Will you meet me?
Vil du møte meg?

193 - 7

Next is your turn.
Neste er din tur.

Day 193

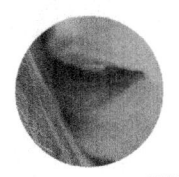

Week 28

194 - 1

She shed tears.
Hun felte tårer.

194 - 2

Do not iron.
Ikke stryk.

194 - 3

That's what i think too.
Det er det jeg tenker også.

194 - 4

How tall is that tower?
Hvor høyt er det tårnet?

194 - 5

Forget it.
Glem det.

194 - 6

She rarely gets angry.
Hun blir sjelden sint.

194 - 7

Please give me that one.
Vennligst gi meg den.

Day 194

Week 28

195 - 1

Don't worry.
Ikke bekymre deg.

195 - 2

Please calm down.
Vennligst roe ned.

195 - 3

Who are you?
Hvem er du?

195 - 4

Perfect!
Perfekt!

195 - 5

Please ask someone.
Spør noen.

195 - 6

This is a real diamond.
Dette er en ekte diamant.

195 - 7

Here is your tip.
Her er ditt tips.

Day 195

Test 28

196 - 1

You must be tired

196 - 2

I'm sleepy.

196 - 3

Before you begin.

196 - 4

Stay with me.

196 - 5

Do not iron.

196 - 6

Don't worry.

196 - 7

Here is your tip.

Day 196

Week 29

197 - 1

He's acting strange.
Han oppfører seg rart.

197 - 2

What do you suggest?
Hva foreslår du?

197 - 3

This flower smells good.
Denne blomsten lukter godt.

197 - 4

I won't go if it rains.
Jeg går ikke hvis det regner.

197 - 5

Please hold the door.
Vennligst hold døren.

197 - 6

I got a full massage.
Jeg fikk full massasje.

197 - 7

It is very far.
Det er veldig langt.

Day 197

Week 29

198 - 1

Did he attempt?
Prøvde han?

198 - 2

A pitcher of beer.
En kanne øl.

198 - 3

I have a black bag.
Jeg har en svart veske.

198 - 4

The sun is glaring.
Solen skinner.

198 - 5

I am a vegetarian.
Jeg er vegetarianer.

198 - 6

I feel guilty.
Jeg føler meg skyldig.

198 - 7

Let's meet this evening.
La oss møtes i kveld.

Day 198

Week 29

199 - 1

I can't read a map.
Jeg kan ikke lese et kart.

199 - 2

Did she ask me?
Spurte hun meg?

199 - 3

Don't make noise.
Ikke lag støy.

199 - 4

Why is the train late?
Hvorfor er toget for sent?

199 - 5

My teeth are strong.
Tennene mine er sterke.

199 - 6

I like dogs a lot.
Jeg liker hunder mye.

199 - 7

Do you have any quirks?
Har du noen særheter?

Day 199

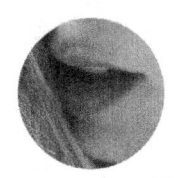

Week 29

200 - 1

No, i'd rather not.
Nei, jeg vil helst ikke.

200 - 2

You're right.
Du har rett.

200 - 3

Please take notes.
Vennligst ta notater.

200 - 4

She has lots of clothes.
Hun har masse klær.

200 - 5

When is he expected?
Når er han ventet?

200 - 6

What a pity.
Så synd.

200 - 7

I met her downtown.
Jeg møtte henne i sentrum.

Day 200

Week 29

201 - 1

I've fully recovered.
Jeg har kommet meg helt.

201 - 2

Who cares.
Hvem bryr seg.

201 - 3

The rain stopped.
Regnet sluttet.

201 - 4

It's not true.
Det er ikke sant.

201 - 5

How long will you wait?
Hvor lenge vil du vente?

201 - 6

That pond is very deep.
Den dammen er veldig dyp.

201 - 7

Do not wash.
Ikke vask.

Day 201

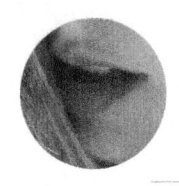

Week 29

202 - 1

Have you got a computer?
Har du en datamaskin?

202 - 2

A sprig of parsley.
En kvist persille.

202 - 3

Does he have a pulse?
Har han puls?

202 - 4

He came here alone.
Han kom hit alene.

202 - 5

I'm a student.
Jeg er en student.

202 - 6

People speak french.
Folk snakker fransk.

202 - 7

Birds flew southward.
Fugler fløy sørover.

Day 202

Test 29

203 - 1

I got a full massage.

203 - 2

I am a vegetarian.

203 - 3

Why is the train late?

203 - 4

Please take notes.

203 - 5

Who cares.

203 - 6

Have you got a computer?

203 - 7

Birds flew southward.

Day 203

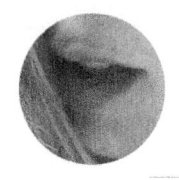

Week 30

204 - 1

It's too long for me.
Den er for lang for meg.

204 - 2

Make a withdrawal.
Gjør et uttak.

204 - 3

3 is an odd number.
3 er et oddetall.

204 - 4

Please pass me the salt.
Gi meg saltet.

204 - 5

How deep is the pool?
Hvor dypt er bassenget?

204 - 6

Never mind.
Glem det.

204 - 7

He's off-guard.
Han er på vakt.

Day 204

Week 30

205 - 1

The house is beautiful.
Huset er vakkert.

205 - 2

I like a darker one.
Jeg liker en mørkere.

205 - 3

Has anyone seen my bag?
Har noen sett vesken min?

205 - 4

Have you been abroad?
Har du vært i utlandet?

205 - 5

Sea water is salty.
Sjøvann er salt.

205 - 6

I'm scared of snakes.
Jeg er redd for slanger.

205 - 7

Let's begin.
La oss begynne.

Day 205

Week 30

206 - 1

I'm starving.
Jeg sulter.

206 - 2

Which one is the sauce?
Hvilken er sausen?

206 - 3

Can anyone hear me?
Kan noen høre meg?

206 - 4

My mother's a nurse.
Moren min er sykepleier.

206 - 5

It's was nothing.
Det var ingenting.

206 - 6

I like bitter coffee.
Jeg liker bitter kaffe.

206 - 7

It looks great!
Det ser bra ut!

Day 206

Week 30

207 - 1

Sure, i'd be glad to.
Jada, det gjør jeg gjerne.

207 - 2

I understand.
Jeg forstår.

207 - 3

I don't have work today.
Jeg har ikke jobb i dag.

207 - 4

Go straight on.
Gå rett frem.

30/52

207 - 5

Your number please.
Ditt nummer takk.

207 - 6

You were almost right.
Du hadde nesten rett.

207 - 7

I need home insurance.
Jeg trenger boligforsikring.

Day 207

Week 30

208 - 1

Leave me alone.
La meg være i fred.

208 - 2

I am a nurse.
Jeg er en sykepleier.

208 - 3

I got drunk last night.
Jeg ble full i går kveld.

208 - 4

She's a quiet person.
Hun er en stille person.

208 - 5

I am an engineer.
Jeg er en ingeniør.

208 - 6

Don't you have change?
Har du ikke bytte?

208 - 7

A dash of pepper.
En dæsj pepper.

Day 208

Week 30

209 - 1

Now i've got to go.
Nå må jeg gå.

209 - 2

Sorry to say that.
Beklager å si det.

209 - 3

I have no office today.
Jeg har ikke noe kontor i dag.

209 - 4

Is that seat available?
Er det setet ledig?

209 - 5

It's too short for me.
Det er for kort for meg.

209 - 6

Close your eyes.
Lukk øynene dine.

209 - 7

This is my dream job.
Dette er drømmejobben min.

Day 209

Test 30

210 - 1

Never mind.

210 - 2

Sea water is salty.

210 - 3

My mother's a nurse.

210 - 4

I don't have work today.

210 - 5

I am a nurse.

210 - 6

Now i've got to go.

210 - 7

This is my dream job.

Day 210

Week 31

211 - 1

I have been mugged.
Jeg har blitt ranet.

211 - 2

Of course.
Selvfølgelig.

211 - 3

Your name please?
Navnet ditt takk?

211 - 4

I had a great time.
Jeg hadde en flott tid.

211 - 5

I fed the dog.
Jeg matet hunden.

211 - 6

He is my neighbour.
Han er min nabo.

211 - 7

How is your father?
Hvordan går det med faren din?

Day 211

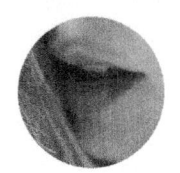

Week 31

212 - 1

What did you say?
Hva sa du?

212 - 2

I have college today.
Jeg har høyskole i dag.

212 - 3

I have little money.
Jeg har lite penger.

212 - 4

Did i ask them to wait?
Har jeg bedt dem vente?

212 - 5

The ship is sinking.
Skipet synker.

212 - 6

I prefer tea to coffee.
Jeg foretrekker te fremfor kaffe.

212 - 7

Let's keep in touch!
La oss holde kontakten!

Day 212

Week 31

213 - 1

What happened?
Hva skjedde?

213 - 2

The diamond glittered.
Diamanten glitret.

213 - 3

No food and drinks.
Ingen mat og drikke.

213 - 4

This road is bumpy.
Denne veien er humpete.

213 - 5

Don't talk about that.
Ikke snakk om det.

213 - 6

I'm not available today.
Jeg er ikke tilgjengelig i dag.

213 - 7

Everyone makes mistakes.
Alle gjør feil.

Day 213

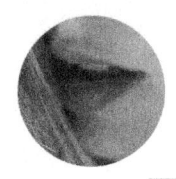

Week 31

214 - 1

Can you speak english?
Kan du snakke engelsk?

214 - 2

That's ok.
Det er greit.

214 - 3

I want new shoes.
Jeg vil ha nye sko.

214 - 4

Do as you like.
Gjør som du vil.

214 - 5

He clenched his fists.
Han knyttet nevene.

214 - 6

She saved a sick dog.
Hun reddet en syk hund.

214 - 7

It is already 8.30.
Klokken er allerede 8.30.

Day 214

Week 31

215 - 1

He laughed loudly.
Han lo høyt.

215 - 2

I am friendly.
Jeg er vennlig.

215 - 3

Are you ok?
Er du ok?

215 - 4

He watches movies a lot.
Han ser mye på film.

215 - 5

He looked at me.
Han så på meg.

215 - 6

I am john.
Jeg er john.

215 - 7

Please do.
Vennligst gjør det.

Day 215

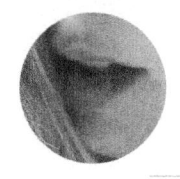

Week 31

216 - 1

I am a housewife.
Jeg er en husmor.

216 - 2

It's okay.
Det er greit.

216 - 3

I'm absolutely sure.
Jeg er helt sikker.

216 - 4

I work under pressure.
Jeg jobber under press.

216 - 5

What street is this?
Hvilken gate er dette?

216 - 6

Your pulse is weak.
Pulsen din er svak.

216 - 7

The bath was lukewarm.
Badet var lunkent.

Day 216

Test 31

217 - 1

He is my neighbour.

217 - 2

The ship is sinking.

217 - 3

This road is bumpy.

217 - 4

I want new shoes.

217 - 5

I am friendly.

217 - 6

I am a housewife.

217 - 7

The bath was lukewarm.

Day 217

Week 32

218 - 1

How do i?
Hvordan gjør jeg?

218 - 2

The bath is ready.
Badet er klart.

218 - 3

I resemble my mother.
Jeg ligner min mor.

218 - 4

Do not cross.
Ikke kryss.

218 - 5

Do you know that girl?
Kjenner du den jenta?

218 - 6

Your hair is still wet.
Håret ditt er fortsatt vått.

218 - 7

I don't eat salad.
Jeg spiser ikke salat.

Day 218

Week 32

219 - 1

I love my job.
Jeg elsker jobben min.

219 - 2

Nobody can replace him.
Ingen kan erstatte ham.

219 - 3

My hobby is reading.
Hobbyen min er lesing.

219 - 4

James is my husband.
James er mannen min.

219 - 5

He doesn't smoke.
Han røyker ikke.

219 - 6

This cake is yummy.
Denne kaken er kjempegod.

219 - 7

Let's go slowly.
La oss gå sakte.

Day 219

Week 32

220 - 1

I like watching t.v.
Jeg liker å se på tv.

220 - 2

It is straight ahead.
Det er rett fram.

220 - 3

Do you work on sundays?
Jobber du på søndager?

220 - 4

He came by bus.
Han kom med buss.

220 - 5

What's the matter?
Hva er i veien?

220 - 6

I don't mind it at all.
Jeg har ikke noe imot det i det hele tatt.

220 - 7

I have a stomach ache.
Jeg har vondt i magen.

Day 220

Week 32

221 - 1

See you.
Ser deg.

221 - 2

I haven't tried it on.
Jeg har ikke prøvd den.

221 - 3

I chilled beer.
Jeg kjølte ned øl.

221 - 4

He's a famous singer.
Han er en kjent sanger.

221 - 5

Please help yourself.
Vennligst hjelp deg selv.

221 - 6

There's one problem.
Det er ett problem.

221 - 7

Is it serious?
Er det alvorlig?

Day 221

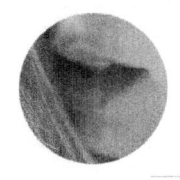

Week 32

222 - 1

He spoke loudly.
Han snakket høyt.

222 - 2

I waited two days.
Jeg ventet i to dager.

222 - 3

I tend to think that.
Jeg pleier å tenke det.

222 - 4

Sure. thank you.
Sikker. takk skal du ha.

222 - 5

I'll go there by bus.
Jeg skal dit med buss.

222 - 6

We come from paris.
Vi kommer fra paris.

222 - 7

Good night.
God natt.

Day 222

Week 32

223 - 1

Both are the same.
Begge er like.

223 - 2

I'll pay by card.
Jeg betaler med kort.

223 - 3

I want more freedom.
Jeg vil ha mer frihet.

223 - 4

Who's calling, please?
Hvem ringer, takk?

223 - 5

Are you john?
Er du john?

223 - 6

This is a small town.
Dette er en liten by.

223 - 7

Her face is pale.
Ansiktet hennes er blekt.

Day 223

Test 32

224 - 1

Your hair is still wet.

224 - 2

He doesn't smoke.

224 - 3

He came by bus.

224 - 4

I chilled beer.

224 - 5

I waited two days.

32/52

224 - 6

Both are the same.

224 - 7

Her face is pale.

Day 224

Week 33

225 - 1

I'll be back.
Jeg kommer tilbake.

225 - 2

I go by bus.
Jeg går med buss.

225 - 3

Excuse me.
Unnskyld meg.

225 - 4

I agree.
Jeg er enig.

225 - 5

Why is he dull?
Hvorfor er han sløv?

225 - 6

The flu spread rapidly.
Influensa spredte seg raskt.

225 - 7

Why are you asking me?
Hvorfor spør du meg?

Day 225

Week 33

226 - 1

I'm afraid not.
Jeg er redd ikke.

226 - 2

I read your book.
Jeg leste boken din.

226 - 3

Yes, i'd love to.
Ja, det vil jeg gjerne.

226 - 4

I really like you.
Jeg liker deg virkelig.

226 - 5

You look great.
Du ser bra ut.

226 - 6

This is a lonely song.
Dette er en ensom sang.

226 - 7

He said in a low voice.
Sa han med lav stemme.

Day 226

Week 33

227 - 1

He is a lucky man.
Han er en heldig mann.

227 - 2

I work as a professor.
Jeg jobber som professor.

227 - 3

Where did you meet him?
Hvor møtte du ham?

227 - 4

That is common sense.
Det er sunn fornuft.

227 - 5

He didn't work hard.
Han jobbet ikke hardt.

227 - 6

How does it work?
Hvordan virker det?

227 - 7

What a stubborn child!
For et sta barn!

Day 227

LEARN NORWEGIAN IN 52 WEEKS

LEARN NORWEGIAN IN 52 WEEKS WITH 7 SENTENCES A DAY

Week 33

228 - 1

This cup is plastic.
Denne koppen er av plast.

228 - 2

No, thank you.
Nei takk.

228 - 3

It's your fault.
Det er din feil.

228 - 4

I was the one to blame.
Det var jeg som hadde skylden.

228 - 5

What does it mean?
Hva betyr det?

33/52

228 - 6

He slipped on the snow.
Han skled på snøen.

228 - 7

Great, thanks.
Flott takk.

Day 228

Week 33

229 - 1

Julia is my sister.
Julia er søsteren min.

229 - 2

Can you forgive me?
Kan du tilgi meg?

229 - 3

I will take a bath.
Jeg skal ta et bad.

229 - 4

Who do you go with?
Hvem går du med?

229 - 5

I'm a little tired.
Jeg er litt trett.

229 - 6

Time passes quickly.
Tiden går fort.

229 - 7

It doesn't matter to me.
Det spiller ingen rolle for meg.

Day 229

Week 33

230 - 1

I belong to oxford.
Jeg tilhører oxford.

230 - 2

Follow the signs.
Følg skiltene.

230 - 3

Heat the pan.
Varm opp pannen.

230 - 4

Have a safe flight!
Ha en sikker flytur!

230 - 5

Please eat.
Vennligst spis.

33/52

230 - 6

A spoonful of honey.
En skje honning.

230 - 7

How are you feeling?
Hvordan føler du deg?

Day 230

Test 33

231 - 1

The flu spread rapidly.

231 - 2

You look great.

231 - 3

That is common sense.

231 - 4

It's your fault.

231 - 5

Can you forgive me?

231 - 6

I belong to oxford.

231 - 7

How are you feeling?

Day 231

Week 34

232 - 1

The engine won't start.
Motoren vil ikke starte.

232 - 2

This is a shortcut.
Dette er en snarvei.

232 - 3

Keep your word.
Hold løftet ditt.

232 - 4

I need some medicine.
Jeg trenger litt medisin.

232 - 5

Where do you come from?
Hvor kommer du fra?

232 - 6

The meal is ready.
Måltidet er klart.

232 - 7

I'm okay. thank you.
Jeg har det bra. takk skal du ha.

Day 232

Week 34

233 - 1

He loves barbecues.
Han elsker grilling.

233 - 2

No one knows that story.
Ingen kjenner den historien.

233 - 3

He has a clean image.
Han har et rent image.

233 - 4

He got the silver medal.
Han fikk sølvmedalje.

233 - 5

I like this.
Jeg liker dette.

233 - 6

It's warm.
Det er varmt.

233 - 7

Let's go by bus.
La oss gå med buss.

Day 233

Week 34

234 - 1

I hate to tell you but.
Jeg hater å fortelle deg men.

234 - 2

That movie was boring.
Den filmen var kjedelig.

234 - 3

I have a toothache.
Jeg har tannverk.

234 - 4

She talks a lot.
Hun snakker mye.

234 - 5

What a beautiful person!
For en vakker person!

34/52

234 - 6

I dried the wet clothes.
Jeg tørket de våte klærne.

234 - 7

Please bend your knees.
Vennligst bøy knærne.

Day 234

Week 34

235 - 1

Will you be my friend?
Vil du bli min venn?

235 - 2

Give me a life vest.
Gi meg en redningsvest.

235 - 3

There's a bird flying.
Det er en fugl som flyr.

235 - 4

My head is spinning.
Hodet mitt spinner.

235 - 5

Who is he?
Hvem er han?

235 - 6

She is my grandmother.
Hun er min bestemor.

235 - 7

Is this on sale?
Er dette på salg?

Day 235

Week 34

236 - 1

They live a quiet life.
De lever et rolig liv.

236 - 2

I swam a lot yesterday.
Jeg svømte mye i går.

236 - 3

He's a serious student.
Han er en seriøs student.

236 - 4

My watch is slow.
Klokken min er treg.

236 - 5

Eat a balanced diet.
Spis et balansert kosthold.

34/52

236 - 6

My mother sighed.
Moren min sukket.

236 - 7

I don't fell well.
Jeg falt ikke bra.

Day 236

Week 34

237 - 1

Get dressed quickly.
Kle deg raskt.

237 - 2

Glad to meet you.
Hyggelig å møte deg.

237 - 3

I got an email from him.
Jeg fikk en e-post fra ham.

237 - 4

See you tomorrow.
Sees i morgen.

237 - 5

Can you help me?
Kan du hjelpe meg?

34/52

237 - 6

I pickup very fast.
Jeg henter veldig raskt.

237 - 7

How old are you?
Hvor gammel er du?

Day 237

Test 34

238 - 1

The meal is ready.

238 - 2

I like this.

238 - 3

She talks a lot.

238 - 4

There's a bird flying.

238 - 5

I swam a lot yesterday.

238 - 6

Get dressed quickly.

238 - 7

How old are you?

Day 238

Week 35

239 - 1

He suddenly disappeared.
Han forsvant plutselig.

239 - 2

I like french food.
Jeg liker fransk mat.

239 - 3

Your bag is light.
Vesken din er lett.

239 - 4

It's a pleasant morning.
Det er en hyggelig morgen.

239 - 5

A handful of beans.
En håndfull bønner.

239 - 6

I didn't do it.
Jeg gjorde det ikke.

239 - 7

What did he say?
Hva sa han?

Day 239

Week 35

240 - 1

He's quit smoking now.
Han har sluttet å røyke nå.

240 - 2

I have one brother.
Jeg har en bror.

240 - 3

I did my best.
Jeg gjorde mitt beste.

240 - 4

Take them with you.
Ta dem med deg.

240 - 5

I have a scooter.
Jeg har en scooter.

35/52

240 - 6

That's so kind of you.
Det er så snilt av deg.

240 - 7

Let's go home.
La oss gå hjem.

Day 240

Week 35

241 - 1

Nice to meet you too.
Hyggelig å møte deg også.

241 - 2

Sorry. you can't.
Beklager. du kan ikke.

241 - 3

Did you call me?
Ringte du meg?

241 - 4

That's too bad.
Det var synd.

241 - 5

He's changed a lot.
Han har forandret seg mye.

241 - 6

I am retired.
Jeg er pensjonert.

241 - 7

Are you free now?
Er du fri nå?

Day 241

Week 35

242 - 1

Her cheeks are all red.
Kinnene hennes er helt røde.

242 - 2

This food is tasteless.
Denne maten er smakløs.

242 - 3

Thanks for calling.
Takk for at du ringte.

242 - 4

This is very important.
Dette er veldig viktig.

242 - 5

He is hungry.
Han er sulten.

242 - 6

What a nice dress.
For en fin kjole.

242 - 7

She reacted well.
Hun reagerte bra.

Day 242

Week 35

243 - 1
I don't get it.
Jeg skjønner det ikke.

243 - 2
Did you listen to me?
Hørte du på meg?

243 - 3
I'm glad you like it.
Jeg er glad du liker det.

243 - 4
Who's next?
Hvem er neste?

243 - 5
How long is the film?
Hvor lang er filmen?

243 - 6
It's sorching hoait.
Det er brennende hoait.

243 - 7
She can speak italian.
Hun kan italiensk.

Day 243

Week 35

244 - 1

He plays the guitar.
Han spiller gitar.

244 - 2

We are open all day.
Vi har åpent hele dagen.

244 - 3

How many hours drive?
Hvor mange timers kjøring?

244 - 4

My pleasure.
Bare hyggelig.

244 - 5

It's hot.
Det er varmt.

244 - 6

He owns three cars.
Han eier tre biler.

244 - 7

Remember the date.
Husk datoen.

Day 244

Test 35

245 - 1

I didn't do it.

245 - 2

I have a scooter.

245 - 3

That's too bad.

245 - 4

Thanks for calling.

245 - 5

Did you listen to me?

245 - 6

He plays the guitar.

245 - 7

Remember the date.

Day 245

Week 36

246 - 1

Let's check your papers.
La oss sjekke papirene dine.

246 - 2

She is my elder sister.
Hun er min storesøster.

246 - 3

I'm home.
Jeg er hjemme.

246 - 4

For how many persons?
For hvor mange personer?

246 - 5

A table for two, please.
Et bord for to, takk.

246 - 6

Complete the table.
Fullføre tabellen.

246 - 7

Are you following me?
Følger du etter meg?

Day 246

Week 36

247 - 1

Shall we start?
Skal vi starte?

247 - 2

I have an idea.
Jeg har en idé.

247 - 3

Follow this road.
Følg denne veien.

247 - 4

She gripped my hand.
Hun tok tak i hånden min.

247 - 5

Ice is a solid.
Is er et fast stoff.

247 - 6

We will have a meeting.
Vi skal ha et møte.

247 - 7

Dry in the shade.
Tørk i skyggen.

Day 247

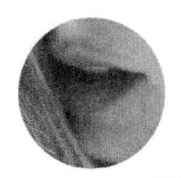

Week 36

248 - 1

What did he ask you?
Hva spurte han deg om?

248 - 2

Did you enjoy the meal?
Likte du måltidet?

248 - 3

Is this your bag?
Er dette vesken din?

248 - 4

How is your mother?
Hvordan går det med moren din?

248 - 5

You don't have to wait.
Du trenger ikke vente.

248 - 6

Are you alright?
Går det bra med deg?

248 - 7

I am looking for a job.
Jeg ser etter en jobb.

Day 248

Week 36

249 - 1

I drank a little wine.
Jeg drakk litt vin.

249 - 2

Do you have a stool?
Har du en krakk?

249 - 3

Are you going with them?
Går du med dem?

249 - 4

Settle down, please.
Slå deg ned, vær så snill.

249 - 5

He often watches movies.
Han ser ofte på film.

249 - 6

The air is clean here.
Luften er ren her.

249 - 7

He is frequently late.
Han kommer ofte for sent.

Day 249

Week 36

250 - 1

I have no objection.
Jeg har ingen innvendinger.

250 - 2

Will it rain today?
Kommer det til å regne i dag?

250 - 3

Are you employed?
Er du ansatt?

250 - 4

Have a walk.
Gå en tur.

250 - 5

He is a dentist.
Han er tannlege.

36/52

250 - 6

He won the election.
Han vant valget.

250 - 7

My passport is missing.
Passet mitt mangler.

Day 250

Week 36

251 - 1

It's a great shame.
Det er en stor skam.

251 - 2

I totally disagree.
Jeg er helt uenig.

251 - 3

You are not allowed to.
Det har du ikke lov til.

251 - 4

I did it because of you.
Jeg gjorde det på grunn av deg.

251 - 5

May i have your address?
Kan jeg få adressen din?

251 - 6

My friend is over there.
Vennen min er der borte.

251 - 7

May i know your name?
Kan jeg få vite hva du heter?

Day 251

Test 36

252 - 1
Complete the table.

252 - 2
Ice is a solid.

252 - 3
How is your mother?

252 - 4
Are you going with them?

252 - 5
Will it rain today?

252 - 6
It's a great shame.

252 - 7
May i know your name?

Day 252

Week 37

253 - 1

Please stop joking.
Vennligst slutt å spøke.

253 - 2

I have a favor to ask.
Jeg har en tjeneste å spørre om.

253 - 3

Call the police.
Ring politiet.

253 - 4

My car is broken.
Bilen min er ødelagt.

253 - 5

It's been a while.
Det har gått en stund.

253 - 6

Where's the bathroom?
Hvor er badet?

253 - 7

That was a great match!
Det var en flott kamp!

Day 253

Week 37

254 - 1

Who told you?
Hvem fortalte deg?

254 - 2

Why did you call him?
Hvorfor ringte du ham?

254 - 3

I'm going to undress.
Jeg skal kle av meg.

254 - 4

How is he doing?
Hvordan har han det?

254 - 5

He had indigestion.
Han hadde fordøyelsesbesvær.

254 - 6

The teacher guides us.
Læreren veileder oss.

254 - 7

I love tomatoes.
Jeg elsker tomater.

Day 254

Week 37

255 - 1

Do not smoke.
Ikke røyk.

255 - 2

Meet them in person.
Møt dem personlig.

255 - 3

How did they escape?
Hvordan rømte de?

255 - 4

I got a promotion today.
Jeg fikk en forfremmelse i dag.

255 - 5

Did he award him?
Tildelte han ham?

37/52

255 - 6

That's fine.
Det er greit.

255 - 7

Please call me at home.
Ring meg hjemme.

Day 255

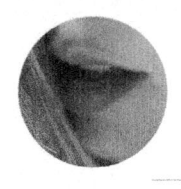

Week 37

256 - 1

Are your equipment new?
Er utstyret ditt nytt?

256 - 2

It's ten past eleven.
Klokken er ti over elleve.

256 - 3

My throat is a bit dry.
Halsen min er litt tørr.

256 - 4

My boss is very strict.
Sjefen min er veldig streng.

256 - 5

I rarely watch tv.
Jeg ser sjelden på tv.

256 - 6

I hope they will win.
Jeg håper de vinner.

256 - 7

No smoking.
Røyking forbudt.

Day 256

Week 37

257 - 1

Let's take a break.
La oss ta en pause.

257 - 2

Are you angry with me?
Er du sint på meg?

257 - 3

Your table is ready.
Bordet ditt er klart.

257 - 4

Think nothing of it.
Ikke tenk på det.

257 - 5

His story is boring.
Historien hans er kjedelig.

257 - 6

Don't go near him!
Ikke gå i nærheten av ham!

257 - 7

Yes, sir!
Ja, sir!

Day 257

Week 37

258 - 1

I'm good at science.
Jeg er god i realfag.

258 - 2

Happy anniversary!
Gratulerer med jubileet!

258 - 3

Milk was sold out.
Melken var utsolgt.

258 - 4

Any questions?
Noen spørsmål?

258 - 5

She is nearsighted.
Hun er nærsynt.

258 - 6

I'm feeling better.
Jeg føler meg bedre.

258 - 7

My trousers got dirty.
Buksene mine ble skitne.

Day 258

LEARN NORWEGIAN IN 52 WEEKS

LEARN NORWEGIAN IN 52 WEEKS WITH 7 SENTENCES A DAY

Test 37

259 - 1

Where's the bathroom?

259 - 2

He had indigestion.

259 - 3

I got a promotion today.

259 - 4

My throat is a bit dry.

259 - 5

Are you angry with me?

37/52

259 - 6

I'm good at science.

259 - 7

My trousers got dirty.

Day 259

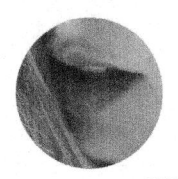

Week 38

260 - 1

He is smart.
Han er smart.

260 - 2

It was nobody's fault.
Det var ingens feil.

260 - 3

I saw his album.
Jeg så albumet hans.

260 - 4

He turned on the tap.
Han skrudde på kranen.

260 - 5

Gentle wet cleaning.
Skånsom våtrengjøring.

260 - 6

Which one do you want?
Hvilken vil du ha?

260 - 7

I am friendly person.
Jeg er en vennlig person.

Day 260

Week 38

261 - 1
Do what you like.
Gjør som du vil.

261 - 2
A new year has started.
Et nytt år har startet.

261 - 3
Who designed this one?
Hvem har designet denne?

261 - 4
I was busy this evening.
Jeg var opptatt i kveld.

261 - 5
How about three o'clock?
Hva med klokken tre?

261 - 6
The pool is packed.
Bassenget er stappfullt.

261 - 7
All the best, bye.
Alt godt, bye.

Day 261

Week 38

262 - 1
I will buy it.
Jeg vil kjøpe det.

262 - 2
I caught a cold.
Jeg ble forkjølet.

262 - 3
I live with my friends.
Jeg bor sammen med vennene mine.

262 - 4
It is very hot inside.
Det er veldig varmt inne.

262 - 5
My room is small.
Rommet mitt er lite.

262 - 6
This sofa feels good.
Denne sofaen føles bra.

262 - 7
His legs are short.
Bena hans er korte.

Day 262

Week 38

263 - 1

Put on these pajamas.
Ta på deg denne pyjamasen.

263 - 2

What did you buy?
Hva kjøpte du?

263 - 3

Who do you live with?
Hvem bor du sammen med?

263 - 4

Everyone has flaws.
Alle har feil.

263 - 5

Do you have a fever?
Har du feber?

263 - 6

You never listen to me.
Du hører aldri på meg.

263 - 7

Did he borrow a pen?
Lånte han en penn?

Day 263

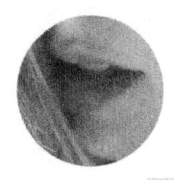

Week 38

264 - 1

I do not like you.
Jeg liker deg ikke.

264 - 2

Give it to them.
Gi det til dem.

264 - 3

The team was weak.
Laget var svakt.

264 - 4

I don't understand.
Jeg forstår ikke.

264 - 5

This juice is too sweet.
Denne juicen er for søt.

264 - 6

He has big arms.
Han har store armer.

264 - 7

I want to live abroad.
Jeg vil bo i utlandet.

Day 264

Week 38

265 - 1

I'll go there by train.
Jeg skal dit med tog.

265 - 2

Do you serve alcohol?
Serverer du alkohol?

265 - 3

Poor you.
Stakkars deg.

265 - 4

What is my room number?
Hva er romnummeret mitt?

265 - 5

We are hungry.
Vi er sultne.

265 - 6

Yes, i am certain.
Ja, jeg er sikker.

265 - 7

What is your dream job?
Hva er din drømmejobb?

Day 265

Test 38

266 - 1

Which one do you want?

266 - 2

How about three o'clock?

266 - 3

It is very hot inside.

266 - 4

Who do you live with?

266 - 5

Give it to them.

266 - 6

I'll go there by train.

266 - 7

What is your dream job?

Day 266

Week 39

267 - 1

I peeled a carrot.
Jeg skrellet en gulrot.

267 - 2

No, i don't have one.
Nei, jeg har ikke en.

267 - 3

That's awful.
Det er fælt.

267 - 4

I don't understand why.
Jeg forstår ikke hvorfor.

267 - 5

I am ready.
Jeg er klar.

267 - 6

I have my own doubts.
Jeg har mine egne tvil.

267 - 7

By all means.
For all del.

Day 267

Week 39

268 - 1

I didn't know that song.
Jeg kjente ikke den sangen.

268 - 2

Let's go home together.
La oss gå hjem sammen.

268 - 3

I just love to travel.
Jeg bare elsker å reise.

268 - 4

What's the time?
Hva er klokken?

268 - 5

I couldn't care less.
Jeg kunne ikke brydd meg mindre.

268 - 6

I work in a factory.
Jeg jobber på en fabrikk.

268 - 7

It's hot outside.
Det er varmt ute.

Day 268

Week 39

269 - 1

I guarantee your safety.
Jeg garanterer din sikkerhet.

269 - 2

Then, you.
Så du.

269 - 3

She's a quick learner.
Hun lærer raskt.

269 - 4

What do you think?
Hva tror du?

269 - 5

I like your haircut.
Jeg liker hårklippet ditt.

269 - 6

He has gone out.
Han har gått ut.

269 - 7

That's great.
Det er flott.

Day 269

Week 39

270 - 1

Her fingers are thin.
Fingrene hennes er tynne.

270 - 2

Challenge yourself.
Utfordre deg selv.

270 - 3

Where's the bank?
Hvor er banken?

270 - 4

Speak louder, please.
Snakk høyere, vær så snill.

270 - 5

I get up at 5.15.
Jeg står opp 5.15.

270 - 6

I found a new job.
Jeg fant en ny jobb.

39/52

270 - 7

When did he come?
Når kom han?

Day 270

Week 39

271 - 1

I feel powerful.
Jeg føler meg mektig.

271 - 2

Why did you go there?
Hvorfor gikk du dit?

271 - 3

The bill, please.
Regningen takk.

271 - 4

How is everybody?
Hvordan har alle det?

271 - 5

I jog every morning.
Jeg jogger hver morgen.

271 - 6

She writes left-handed.
Hun skriver venstrehendt.

271 - 7

The floor is wet.
Gulvet er vått.

Day 271

Week 39

272 - 1

Let's go to bed.
La oss gå til sengs.

272 - 2

May i borrow your book?
Kan jeg låne boken din?

272 - 3

Don't talk to me.
Ikke snakk til meg.

272 - 4

Good afternoon, mrs.
God ettermiddag, mrs.

272 - 5

His business failed.
Hans virksomhet mislyktes.

272 - 6

Don't lose your temper.
Ikke mist humøret.

272 - 7

Where's the bookshop?
Hvor er bokhandelen?

Day 272

Test 39

273 - 1

I have my own doubts.

273 - 2

I couldn't care less.

273 - 3

What do you think?

273 - 4

Where's the bank?

273 - 5

Why did you go there?

273 - 6

Let's go to bed.

273 - 7

Where's the bookshop?

Day 273

Week 40

274 - 1

Is it good for me?
Er det bra for meg?

274 - 2

Turn headlights on.
Slå på frontlysene.

274 - 3

Which is your bag?
Hvilken er vesken din?

274 - 4

I am sorry i'm late.
Jeg beklager at jeg er sen.

274 - 5

He is very smart.
Han er veldig smart.

274 - 6

This chair is shaky.
Denne stolen er skjelven.

274 - 7

He has a weak stomach.
Han har en svak mage.

Day 274

Week 40

275 - 1

I have a dull feeling.
Jeg har en kjedelig følelse.

275 - 2

Is there a bank here?
Er det en bank her?

275 - 3

He has office today.
Han har kontor i dag.

275 - 4

She has thick eyebrows.
Hun har tykke øyenbryn.

275 - 5

What time is my flight?
Når er flyturen min?

275 - 6

A roll of tissue.
En rull med vev.

275 - 7

Are they from abroad?
Er de fra utlandet?

Day 275

Week 40

276 - 1

Whose mistake is it?
Hvem sin feil er det?

276 - 2

Please help me out sir.
Vær så snill, hjelp meg sir.

276 - 3

I go by cycle.
Jeg går på syklus.

276 - 4

That is okay.
Det er ok.

276 - 5

Do not disturb.
Ikke forstyrr.

276 - 6

He is my husband.
Han er mannen min.

40/52

276 - 7

A person is missing.
En person er savnet.

Day 276

Week 40

277 - 1

My son broke my glasses.
Sønnen min knuste brillene mine.

277 - 2

He executed the plan.
Han gjennomførte planen.

277 - 3

Just a minute please.
Bare et øyeblikk.

277 - 4

What's happening?
Hva skjer?

277 - 5

She's a fashion expert.
Hun er en moteekspert.

277 - 6

I don't agree.
Jeg er ikke enig.

277 - 7

Take this road.
Ta denne veien.

Day 277

Week 40

278 - 1

I have pain in my back.
Jeg har vondt i ryggen.

278 - 2

Just stay focused.
Bare hold fokus.

278 - 3

He felt miserable.
Han følte seg elendig.

278 - 4

We had a smooth landing.
Vi hadde en jevn landing.

278 - 5

He runs fast.
Han løper fort.

278 - 6

He is badly injured.
Han er hardt skadet.

278 - 7

I need a doctor.
Jeg trenger en lege.

Day 278

Week 40

279 - 1

I don't watch much tv.
Jeg ser ikke mye på tv.

279 - 2

Good evening.
God kveld.

279 - 3

His teeth are white.
Tennene hans er hvite.

279 - 4

His car is new.
Bilen hans er ny.

279 - 5

Maximum occupancy.
Maksimalt antall personer.

279 - 6

Who am i talking to?
Hvem snakker jeg med?

279 - 7

Please check the oil.
Vennligst sjekk oljen.

Day 279

Test 40

280 - 1

This chair is shaky.

280 - 2

What time is my flight?

280 - 3

That is okay.

280 - 4

Just a minute please.

280 - 5

Just stay focused.

280 - 6

I don't watch much tv.

280 - 7

Please check the oil.

Day 280

Week 41

281 - 1

Her skin is very white.
Huden hennes er veldig hvit.

281 - 2

How do you know that?
Hvordan vet du at?

281 - 3

My camera broke.
Kameraet mitt gikk i stykker.

281 - 4

Mind your business.
Pass på virksomheten din.

281 - 5

Next, you.
Neste, du.

281 - 6

What's new?
Hva er nytt?

281 - 7

He has feelings for her.
Han har følelser for henne.

Day 281

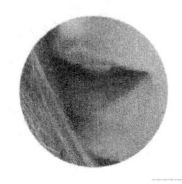

Week 41

282 - 1

Would you mind?
Har du noe imot det?

282 - 2

Actually, i like her.
Egentlig liker jeg henne.

282 - 3

He is my colleague.
Han er min kollega.

282 - 4

No blowing of horns.
Ingen blåsing av horn.

282 - 5

Do not lean.
Ikke len deg.

282 - 6

Can i help you?
Kan jeg hjelpe deg?

282 - 7

How was your day?
Hvordan var dagen din?

Day 282

Week 41

283 - 1

The pain is too much.
Smerten er for mye.

283 - 2

Time went by so fast.
Tiden gikk så fort.

283 - 3

Open your books.
Åpne bøkene dine.

283 - 4

He threw the ball.
Han kastet ballen.

283 - 5

This work is hard.
Dette arbeidet er hardt.

41/52

283 - 6

The traffic is clear.
Trafikken er tydelig.

283 - 7

I sat down on the bench.
Jeg satte meg på benken.

Day 283

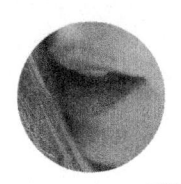

Week 41

284 - 1

Thank you so much!
Tusen takk!

284 - 2

Sorry but we are full.
Beklager, men vi er fulle.

284 - 3

Get out of here!
Kom deg ut herfra!

284 - 4

I added my own thought.
Jeg la til min egen tanke.

284 - 5

He suddenly stood up.
Han reiste seg plutselig.

284 - 6

This is my brother.
Dette er min bror.

284 - 7

Put on your boots!
Ta på deg støvlene!

Day 284

Week 41

285 - 1
Thanks.
Takk.

285 - 2
Can you lift this table?
Kan du løfte dette bordet?

285 - 3
How are you doing?
Hvordan går det?

285 - 4
Return it safely.
Returner den trygt.

285 - 5
Don't quarrel with him.
Ikke krangle med ham.

285 - 6
His fingers are big.
Fingrene hans er store.

285 - 7
This is absurd!
Dette er absurd!

Day 285

Week 41

286 - 1

Do you know his name?
Vet du navnet hans?

286 - 2

Right of way changed.
Forkjørsretten endret.

286 - 3

It smells good.
Det lukter godt.

286 - 4

Let's go over there.
La oss gå dit.

286 - 5

I have no change.
Jeg har ingen endring.

286 - 6

I have no money.
Jeg har ingen penger.

286 - 7

When will they come?
Når kommer de?

Day 286

Test 41

287 - 1

What's new?

287 - 2

Do not lean.

287 - 3

He threw the ball.

287 - 4

Get out of here!

287 - 5

Can you lift this table?

287 - 6

Do you know his name?

287 - 7

When will they come?

Day 287

Week 42

288 - 1

He is in debt.
Han er i gjeld.

288 - 2

May i have a fork?
Kan jeg få en gaffel?

288 - 3

Don't skip meals.
Ikke hopp over måltider.

288 - 4

I beg your pardon.
Jeg ber om unnskyldning.

288 - 5

Fasten your seat belt.
Fest sikkerhetsbeltet.

288 - 6

Don't eat too much.
Ikke spis for mye.

288 - 7

He is rich but stingy.
Han er rik, men gjerrig.

Day 288

Week 42

289 - 1

Why do you suspect me?
Hvorfor mistenker du meg?

289 - 2

He's a very kind person.
Han er en veldig snill person.

289 - 3

Hi. i'm cindy.
Hei. jeg er cindy.

289 - 4

This is for you.
Dette er til deg.

289 - 5

This is a great chance.
Dette er en stor sjanse.

289 - 6

Where does he live?
Hvor bor han?

289 - 7

He owes me one.
Han skylder meg en.

Day 289

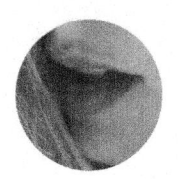

Week 42

290 - 1

What time is checkout?
Når er utsjekking?

290 - 2

Where do you live?
Hvor bor du?

290 - 3

It's worth the price.
Det er verdt prisen.

290 - 4

What can you say?
Hva kan du si?

290 - 5

She's tall.
Hun er høy.

290 - 6

I uncorked the wine.
Jeg tok opp vinen.

290 - 7

It rained yesterday.
Det regnet i går.

Day 290

Week 42

291 - 1

She has two children.
Hun har to barn.

291 - 2

How can i help you?
Hvordan kan jeg hjelpe deg?

291 - 3

It was a touching film.
Det var en rørende film.

291 - 4

Let's try harder.
La oss prøve hardere.

291 - 5

Have a pizza.
Ta en pizza.

291 - 6

It sounds good.
Det høres bra ut.

291 - 7

Stop making excuses.
Slutt med unnskyldninger.

Day 291

Week 42

292 - 1

Keep yourself cool.
Hold deg kald.

292 - 2

I owe you an apology.
Jeg skylder deg en unnskyldning.

292 - 3

Can i pay by cheque?
Kan jeg betale med sjekk?

292 - 4

Which is the sauce?
Hvilken er sausen?

292 - 5

I'm really sorry.
Jeg er virkelig lei meg.

292 - 6

There is an explosion.
Det er en eksplosjon.

292 - 7

I see what you mean.
Jeg ser hva du mener.

Day 292

Week 42

293 - 1
Here is your change.
Her er vekslepengene dine.

293 - 2
I am out for lunch.
Jeg er ute til lunsj.

293 - 3
Fantastic.
Fantastisk.

293 - 4
Can you hear me?
Kan du høre meg?

293 - 5
We all saw him off.
Vi så ham alle sammen.

293 - 6
He's very intelligent.
Han er veldig intelligent.

293 - 7
Yes, you can.
Ja det kan du.

Day 293

Test 42

294 - 1
Don't eat too much.

294 - 2
This is a great chance.

294 - 3
What can you say?

294 - 4
It was a touching film.

294 - 5
I owe you an apology.

294 - 6
Here is your change.

294 - 7
Yes, you can.

Day 294

Week 43

295 - 1

I want to gain weight.
Jeg vil gå opp i vekt.

295 - 2

How can i get there?
Hvordan kan jeg komme meg dit?

295 - 3

It was my pleasure.
Det var bare hyggelig.

295 - 4

This is my boss.
Dette er sjefen min.

295 - 5

Sure. just a moment.
Sikker. bare et øyeblikk.

295 - 6

That would be fantastic!
Det ville vært fantastisk!

295 - 7

A leaf fluttered down.
Et blad flagret ned.

Day 295

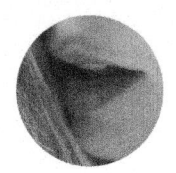

Week 43

296 - 1

Please hurry!
Vær så snill!

296 - 2

I have mouth sores.
Jeg har munnsår.

296 - 3

Repeat after me.
Gjenta etter meg.

296 - 4

Hello! do come in!
Hallo! kom inn!

296 - 5

I love cooking.
Jeg elsker å lage mat.

296 - 6

Where have you been?
Hvor har du vært?

296 - 7

Do not move the victim.
Ikke flytt offeret.

Day 296

Week 43

297 - 1

I don't have time now.
Jeg har ikke tid nå.

297 - 2

My aunt lives in madrid.
Tanten min bor i madrid.

297 - 3

He came to my office.
Han kom til kontoret mitt.

297 - 4

Where is the pilot?
Hvor er piloten?

297 - 5

Please call this number.
Ring dette nummeret.

297 - 6

His father is a teacher.
Faren hans er lærer.

297 - 7

I need car insurance.
Jeg trenger bilforsikring.

Day 297

Week 43

298 - 1

He loves himself.
Han elsker seg selv.

298 - 2

Wait for sometime.
Vent en stund.

298 - 3

He scored three goals.
Han scoret tre mål.

298 - 4

It's almost time.
Det er nesten på tide.

298 - 5

The time now is 6:35.
Nå er klokken 6:35.

298 - 6

I eat bread every day.
Jeg spiser brød hver dag.

298 - 7

He is motivated to work.
Han er motivert for å jobbe.

Day 298

Week 43

299 - 1

This meat is not fresh.
Dette kjøttet er ikke ferskt.

299 - 2

Is he paying the fee?
Betaler han avgiften?

299 - 3

I'll pay for that.
Jeg betaler for det.

299 - 4

That was excellent.
Det var utmerket.

299 - 5

Are you satisfied now?
Er du fornøyd nå?

299 - 6

I marked the mistakes.
Jeg markerte feilene.

299 - 7

I'm looking for my dog.
Jeg ser etter hunden min.

Day 299

Week 43

300 - 1

She injured her arm.
Hun skadet armen.

300 - 2

He has high ideals.
Han har høye idealer.

300 - 3

No problem.
Ikke noe problem.

300 - 4

It is such a lovely day.
Det er en så deilig dag.

300 - 5

He's just a drunkard.
Han er bare en fylliker.

300 - 6

Have you heard the news?
Har du hørt nyhetene?

300 - 7

We drank premium wine.
Vi drakk førsteklasses vin.

Day 300

LEARN NORWEGIAN IN 52 WEEKS

LEARN NORWEGIAN IN 52 WEEKS WITH 7 SENTENCES A DAY

Test 43

301 - 1

That would be fantastic!

301 - 2

I love cooking.

301 - 3

Where is the pilot?

301 - 4

He scored three goals.

301 - 5

Is he paying the fee?

301 - 6

She injured her arm.

301 - 7

We drank premium wine.

Day 301

Week 44

302 - 1

I don't care.
Jeg bryr meg ikke.

302 - 2

Is it raining?
Regner det?

302 - 3

Sorry about that.
Beklager for det.

302 - 4

You're special to me.
Du er spesiell for meg.

302 - 5

Could i use your phone?
Kan jeg bruke telefonen din?

302 - 6

Let's share duties.
La oss dele plikter.

302 - 7

Today is a holiday.
I dag er det helligdag.

Day 302

Week 44

303 - 1

These grapes are sour.
Disse druene er sure.

303 - 2

Does he complain?
Klager han?

303 - 3

Can i leave a message?
Kan jeg legge igjen en beskjed?

303 - 4

His room is very dirty.
Rommet hans er veldig skittent.

303 - 5

What's going on?
Hva skjer?

303 - 6

I can't get out.
Jeg kan ikke komme meg ut.

303 - 7

How have you been?
Hvordan har du hatt det?

Day 303

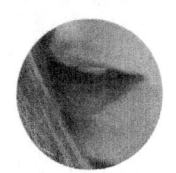

Week 44

304 - 1

He has weekdays off.
Han har fri på hverdager.

304 - 2

I have a bad cold.
Jeg er veldig forkjølet.

304 - 3

Wonderful, thank you.
Fantastisk, takk.

304 - 4

Have you ever had a pet?
Har du noen gang hatt et kjæledyr?

304 - 5

Are you afraid of them?
Er du redd for dem?

304 - 6

Ok, i'll take this one.
Ok, jeg tar denne.

304 - 7

Did it rain there?
Regna det der?

Day 304

Week 44

305 - 1

I like old cars.
Jeg liker gamle biler.

305 - 2

Do you think so?
Synes du det?

305 - 3

I hate cigarettes.
Jeg hater sigaretter.

305 - 4

He is busy as usual.
Han er opptatt som vanlig.

305 - 5

The meat is cooked.
Kjøttet er tilberedt.

305 - 6

I'm thirty.
Jeg er tretti.

305 - 7

What did you do?
Hva gjorde du?

Day 305

Week 44

306 - 1
I want to go shopping!
Jeg vil shoppe!

306 - 2
Just stay there.
Bare bli der.

306 - 3
It's too long.
Det er for langt.

306 - 4
Thanks for the tip.
Takk for tipset.

306 - 5
Please think carefully.
Vennligst tenk nøye.

306 - 6
He has a car.
Han har en bil.

306 - 7
What is the first step?
Hva er det første trinnet?

Day 306

Week 44

307 - 1

Don't ask me anything.
Ikke spør meg om noe.

307 - 2

How is your sister?
Hvordan har søsteren din det?

307 - 3

This is my friend.
Dette er min venn.

307 - 4

Listen to your body.
Lytt til kroppen din.

307 - 5

I'm very sleepy today.
Jeg er veldig trøtt i dag.

307 - 6

His crime is serious.
Forbrytelsen hans er alvorlig.

307 - 7

Sorry i am late.
Beklager at jeg er sen.

Day 307

Test 44

308 - 1

Let's share duties.

308 - 2

What's going on?

308 - 3

Have you ever had a pet?

308 - 4

I hate cigarettes.

308 - 5

Just stay there.

308 - 6

Don't ask me anything.

308 - 7

Sorry i am late.

Day 308

Week 45

309 - 1

Yes, sunday is fine.
Ja, søndag er bra.

309 - 2

When will he be back?
Når kommer han tilbake?

309 - 3

She's feminine.
Hun er feminin.

309 - 4

I am outspoken.
Jeg er frittalende.

309 - 5

Are the shops open?
Er butikkene åpne?

309 - 6

I'm learning judo.
Jeg lærer judo.

309 - 7

Please don't be late.
Vær så snill å ikke kom for sent.

Day 309

Week 45

310 - 1

The house is lovely.
Huset er nydelig.

310 - 2

How do you manage?
Hvordan klarer du deg?

310 - 3

What's the problem?
Hva er problemet?

310 - 4

He injured his elbow.
Han skadet albuen.

310 - 5

You're so sweet.
Du er så søt.

310 - 6

Where are you now?
Hvor er du nå?

310 - 7

I've got a sore throat.
Jeg har sår hals.

Day 310

Week 45

311 - 1

It's very cheap.
Det er veldig billig.

311 - 2

I prefer rice to bread.
Jeg foretrekker ris fremfor brød.

311 - 3

Do you do alterations?
Gjør du endringer?

311 - 4

My wallet is empty.
Lommeboken min er tom.

311 - 5

A fly is buzzing.
En flue surrer.

311 - 6

What is your shoe size?
Hva er skostørrelsen din?

311 - 7

There is an accident.
Det er en ulykke.

Day 311

Week 45

312 - 1

My card has been stolen.
Kortet mitt er stjålet.

312 - 2

She hasn't noticed me.
Hun har ikke lagt merke til meg.

312 - 3

Are you tired?
Er du sliten?

312 - 4

He believes in god.
Han tror på gud.

312 - 5

I love lobsters.
Jeg elsker hummer.

312 - 6

You are welcome.
Vær så god.

312 - 7

Where is the station?
Hvor er stasjonen?

Day 312

Week 45

313 - 1

Talk to a witness.
Snakk med et vitne.

313 - 2

I will try this.
Jeg skal prøve dette.

313 - 3

It was a nice evening.
Det var en fin kveld.

313 - 4

I jog every day.
Jeg jogger hver dag.

313 - 5

Sorry, it's my fault.
Beklager, det er min feil.

313 - 6

It's too short.
Den er for kort.

313 - 7

When is the next train?
Når går neste tog?

Day 313

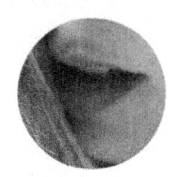

Week 45

314 - 1

It's too tight.
Det er for trangt.

314 - 2

Do you understand?
Forstår du?

314 - 3

I hate tests.
Jeg hater tester.

314 - 4

Pretty well.
Ganske bra.

314 - 5

Where's the grocer's?
Hvor er kjøpmannen?

314 - 6

My back itches.
Ryggen min klør.

314 - 7

It's your decision.
Det er ditt valg.

Day 314

Test 45

315 - 1

I'm learning judo.

315 - 2

You're so sweet.

315 - 3

My wallet is empty.

315 - 4

Are you tired?

315 - 5

I will try this.

315 - 6

It's too tight.

315 - 7

It's your decision.

Day 315

Week 46

316 - 1

Enjoy your meal!
Nyt måltidet!

316 - 2

I miss you.
Jeg savner deg.

316 - 3

You can't.
Du kan ikke.

316 - 4

I go to bed at 10.30.
Jeg legger meg kl 10.30.

316 - 5

Do you have insurance?
Har du forsikring?

316 - 6

He joined our team.
Han ble med på laget vårt.

46/52

316 - 7

You deserve it!
Du fortjener det!

Day 316

Week 46

317 - 1

That was close.
Det var nære.

317 - 2

Why do you worry?
Hvorfor bekymrer du deg?

317 - 3

I am on a diet.
Jeg er på diett.

317 - 4

You may now go.
Du kan gå nå.

317 - 5

He sold the house.
Han solgte huset.

317 - 6

Her skin is smooth.
Huden hennes er glatt.

317 - 7

What was your first job?
Hva var din første jobb?

Day 317

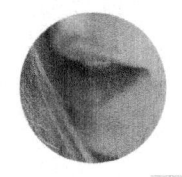

Week 46

318 - 1

I moved last year.
Jeg flyttet i fjor.

318 - 2

Is the story real?
Er historien ekte?

318 - 3

What sport do you do?
Hvilken sport driver du med?

318 - 4

No big deal.
Ingen stor sak.

318 - 5

Have a good time.
Kos deg.

318 - 6

Do you think it is true?
Tror du det er sant?

318 - 7

She's a romantic person.
Hun er en romantisk person.

Day 318

Week 46

319 - 1

I'll go right away.
Jeg går med en gang.

319 - 2

The deadline is near.
Fristen nærmer seg.

319 - 3

It's always lively here.
Det er alltid livlig her.

319 - 4

Raise your pencils.
Løft blyantene dine.

319 - 5

Don't try my patience.
Ikke prøv tålmodigheten min.

319 - 6

The scenery is great.
Naturen er flott.

319 - 7

Here is the bill.
Her er regningen.

Day 319

Week 46

320 - 1

Oh no, what a shame.
Å nei, for en skam.

320 - 2

I didn't mean to.
Det mente jeg ikke.

320 - 3

What time is it?
Hva er klokka?

320 - 4

I like wine.
Jeg liker vin.

320 - 5

Please line up here.
Still opp her.

320 - 6

Today is my birthday.
I dag er min bursdag.

320 - 7

It's monday again.
Det er mandag igjen.

Day 320

Week 46

321 - 1

Please boil some water.
Vennligst kok opp litt vann.

321 - 2

When is she coming?
Når kommer hun?

321 - 3

Can you drive a truck?
Kan du kjøre lastebil?

321 - 4

Are you sure about it?
Er du sikker på det?

321 - 5

Fit as a fiddle.
Frisk som en fisk.

321 - 6

Our team lost the game.
Laget vårt tapte kampen.

321 - 7

I love animals.
Jeg elsker dyr.

Day 321

Test 46

322 - 1

He joined our team.

322 - 2

He sold the house.

322 - 3

No big deal.

322 - 4

It's always lively here.

322 - 5

I didn't mean to.

322 - 6

Please boil some water.

322 - 7

I love animals.

Day 322

Week 47

323 - 1
Bye for now.
Ha det så lenge.

323 - 2
He's incapable.
Han er ute av stand.

323 - 3
Are you ready for this?
Er du klar for dette?

323 - 4
She has special powers.
Hun har spesielle krefter.

323 - 5
I will call you later.
Jeg ringer deg senere.

323 - 6
I feel thirsty.
Jeg er tørst.

323 - 7
How many people?
Hvor mange folk?

Day 323

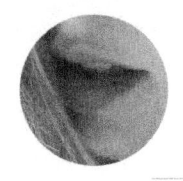

Week 47

324 - 1

He denied the rumor.
Han benektet ryktet.

324 - 2

My boss gave me his car.
Sjefen min ga meg bilen sin.

324 - 3

Would you like a bag?
Vil du ha en veske?

324 - 4

A table for two?
Et bord for to?

324 - 5

She has a little son.
Hun har en liten sønn.

324 - 6

This is confidential.
Dette er konfidensielt.

324 - 7

He's a cunning man.
Han er en utspekulert mann.

Day 324

Week 47

325 - 1

You can try it.
Du kan prøve det.

325 - 2

The cake is too sweet.
Kaken er for søt.

325 - 3

I have a meeting today.
Jeg har et møte i dag.

325 - 4

I have the flu.
Jeg har influensa.

325 - 5

The door bell rang.
Dørklokken ringte.

325 - 6

It looks great on you!
Det ser flott ut på deg!

325 - 7

Is the shop open?
Er butikken åpen?

Day 325

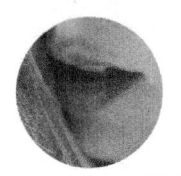

Week 47

326 - 1

What do you do?
Hva gjør du?

326 - 2

I wish he gets well.
Jeg skulle ønske han blir frisk.

326 - 3

Where is the hospital?
Hvor er sykehuset?

326 - 4

He lost consciousness.
Han mistet bevisstheten.

326 - 5

It's good to see you.
Det er godt å se deg.

326 - 6

Best wishes.
Beste hilsener.

326 - 7

There's a bomb!
Det er en bombe!

Day 326

Week 47

327 - 1

Please sign here.
Vennligst signer her.

327 - 2

Judgment has been made.
Dom er avsagt.

327 - 3

I feel chilly somehow.
Jeg føler meg kjølig på en eller annen måte.

327 - 4

What a beautiful house!
For et vakkert hus!

327 - 5

Is he learning english?
Lærer han engelsk?

327 - 6

The child woke up.
Barnet våknet.

327 - 7

Open wide, please.
Åpne bredt, takk.

Day 327

Week 47

328 - 1

Stop playing pranks.
Slutt å spille spøk.

328 - 2

Is he a teacher?
Er han en lærer?

328 - 3

He's a loser.
Han er en taper.

328 - 4

It will rain tomorrow.
Det kommer til å regne i morgen.

328 - 5

Please press the button.
Vennligst trykk på knappen.

328 - 6

Did he say anything?
Sa han noe?

328 - 7

I'm sure about it.
Jeg er sikker på det.

Day 328

LEARN NORWEGIAN IN 52 WEEKS WITH 7 SENTENCES A DAY

Test 47

329 - 1

I feel thirsty.

329 - 2

She has a little son.

329 - 3

I have the flu.

329 - 4

Where is the hospital?

329 - 5

Judgment has been made.

329 - 6

Stop playing pranks.

329 - 7

I'm sure about it.

Day 329

Week 48

330 - 1
I loathe ironing.
Jeg avskyr stryking.

330 - 2
Is this book good?
Er denne boken bra?

330 - 3
It's too tight for me.
Det er for trangt for meg.

330 - 4
Her words hurt me.
Ordene hennes såret meg.

330 - 5
Are you ready?
Er du klar?

330 - 6
My head aches.
Hodet mitt gjør vondt.

330 - 7
He's a great scholar.
Han er en stor lærd.

48/52

Day 330

Week 48

331 - 1

He finally showed up.
Han dukket til slutt opp.

331 - 2

Can i use the gym?
Kan jeg bruke treningsstudioet?

331 - 3

Can i get extra linen?
Kan jeg få ekstra sengetøy?

331 - 4

It hurts.
Det gjør vondt.

331 - 5

Where is your house?
Hvor er huset ditt?

331 - 6

Cool down.
Ro deg ned.

331 - 7

That's wonderful.
Det er flott.

Day 331

Week 48

332 - 1

The exam was difficult.
Eksamen var vanskelig.

332 - 2

Anything to convey?
Noe å formidle?

332 - 3

I read the times.
Jeg leste times.

332 - 4

Hi jack. i'm sophia.
Hei jack. jeg er sophia.

332 - 5

I don't play any sports.
Jeg driver ikke med noen sport.

332 - 6

His house is very big.
Huset hans er veldig stort.

332 - 7

Merry christmas!.
God jul!.

48/52

Day 332

Week 48

333 - 1

I have a stomachache.
Jeg har vondt i magen.

333 - 2

No passing.
Ingen bestått.

333 - 3

He is my grandfather.
Han er min bestefar.

333 - 4

What is your name?
Hva heter du?

333 - 5

Don't waste my time.
Ikke kast bort tiden min.

333 - 6

My father yawned.
Faren min gjespet.

333 - 7

Please turn this way.
Vennligst snu denne veien.

Day 333

Week 48

334 - 1

What will you do?
Hva vil du gjøre?

334 - 2

I like this show.
Jeg liker dette showet.

334 - 3

I can't move.
Jeg kan ikke bevege meg.

334 - 4

Is it useful?
Er det nyttig?

334 - 5

What's your question?
Hva er spørsmålet ditt?

334 - 6

Stop messing around.
Slutt å rote rundt.

334 - 7

Hazardous waste.
Farlig avfall.

Day 334

Week 48

335 - 1

She's very honest.
Hun er veldig ærlig.

335 - 2

I accepted his opinion.
Jeg godtok hans mening.

335 - 3

What is your hobby?
Hva er hobbyen din?

335 - 4

The water has boiled.
Vannet har kokt.

335 - 5

Are you on facebook?
Er du på facebook?

335 - 6

Is this organic?
Er dette økologisk?

335 - 7

It's five to five.
Det er fem til fem.

Day 335

LEARN NORWEGIAN IN 52 WEEKS

LEARN NORWEGIAN IN 52 WEEKS WITH 7 SENTENCES A DAY

Test 48

336 - 1

My head aches.

336 - 2

Where is your house?

336 - 3

Hi jack. i'm sophia.

336 - 4

He is my grandfather.

336 - 5

I like this show.

336 - 6

She's very honest.

336 - 7

It's five to five.

48/52

Day 336

Week 49

337 - 1

He's not arrogant.
Han er ikke arrogant.

337 - 2

He came here yesterday.
Han kom hit i går.

337 - 3

She's in the movie.
Hun er med i filmen.

337 - 4

Did you get my letter?
Fikk du brevet mitt?

337 - 5

Note the address.
Legg merke til adressen.

337 - 6

This car is very fast.
Denne bilen er veldig rask.

337 - 7

She closed her eyes.
Hun lukket øynene.

Day 337

Week 49

338 - 1

It's cold.
Det er kaldt.

338 - 2

I wouldn't mind.
Jeg ville ikke bry meg.

338 - 3

His face was all red.
Ansiktet hans var helt rødt.

338 - 4

So what?
Hva så?

338 - 5

He's very popular.
Han er veldig populær.

338 - 6

Insert card here.
Sett inn kortet her.

338 - 7

I really appreciate it.
Jeg setter stor pris på det.

Day 338

Week 49

339 - 1

This meat is greasy.
Dette kjøttet er fett.

339 - 2

Reduce the volume.
Reduser volumet.

339 - 3

He made her very angry.
Han gjorde henne veldig sint.

339 - 4

He rides a motorcycle.
Han kjører motorsykkel.

339 - 5

I'm pleased to meet you.
Hyggelig å møte deg.

339 - 6

Make a note of it.
Noter det.

339 - 7

I'm not good at math.
Jeg er ikke god i matte.

Day 339

Week 49

340 - 1

He's courageous.
Han er modig.

340 - 2

I need to see a doctor.
Jeg må oppsøke lege.

340 - 3

This is a true story.
Dette er en sann historie.

340 - 4

Is he your relative?
Er han din slektning?

340 - 5

I have two brothers.
Jeg har to brødre.

340 - 6

I think it's boring.
Jeg synes det er kjedelig.

340 - 7

How about you?
Hva med deg?

49/52

Day 340

Week 49

341 - 1
I ate a slice of cheese.
Jeg spiste en osteskive.

341 - 2
I'm studying japanese.
Jeg studerer japansk.

341 - 3
My nose is itchy.
Nesen min klør.

341 - 4
May i take a message?
Kan jeg ta imot en beskjed?

341 - 5
My father snores loudly.
Faren min snorker høyt.

341 - 6
Lock the door.
Lås døren.

341 - 7
Are you ready to order?
Er du klar til å bestille?

Day 341

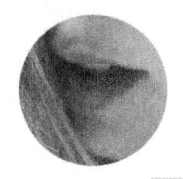

Week 49

342 - 1

I am so sorry.
Jeg beklager så mye.

342 - 2

Pedestrian bridge.
Gangbro.

342 - 3

The boss is coming.
Sjefen kommer.

342 - 4

My stomach hurts a lot.
Magen min gjør veldig vondt.

342 - 5

He's wearing glasses.
Han har på seg briller.

342 - 6

Use black ink only.
Bruk kun svart blekk.

342 - 7

Mind the steps.
Pass på trinnene.

Day 342

Test 49

343 - 1

This car is very fast.

343 - 2

He's very popular.

343 - 3

He rides a motorcycle.

343 - 4

This is a true story.

343 - 5

I'm studying japanese.

343 - 6

I am so sorry.

343 - 7

Mind the steps.

Day 343

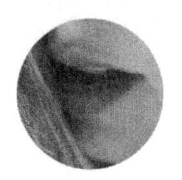

Week 50

344 - 1

Wake him up.
Vekk ham opp.

344 - 2

I need to get a job.
Jeg må få meg en jobb.

344 - 3

I'm quite sure about it.
Jeg er ganske sikker på det.

344 - 4

Look up.
Se opp.

344 - 5

Are you aware of that?
Er du klar over det?

344 - 6

Please stay as you are.
Vennligst bli som du er.

344 - 7

Where do you work out?
Hvor trener du?

50/52

Day 344

Week 50

345 - 1

How is the weather like?
Hvordan er været?

345 - 2

He never keeps secrets.
Han holder aldri på hemmeligheter.

345 - 3

Where are you living?
Hvor bor du?

345 - 4

Oh, my god. really?
Herregud. egentlig?

345 - 5

This book is difficult.
Denne boken er vanskelig.

345 - 6

I'm angry about.
Jeg er sint over.

345 - 7

I love you.
Jeg elsker deg.

Day 345

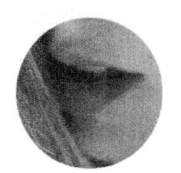

Week 50

346 - 1

Please come.
Vennligst kom.

346 - 2

It's your mistake.
Det er din feil.

346 - 3

What date is today?
Hvilken dato er det i dag?

346 - 4

You are so kind.
Du er så snill.

346 - 5

Save for a rainy day.
Spar til en regnværsdag.

346 - 6

I had a scary dream.
Jeg hadde en skummel drøm.

346 - 7

He is on the other line.
Han er på den andre linjen.

Day 346

Week 50

347 - 1

I like thin pillows.
Jeg liker tynne puter.

347 - 2

I can't stop vomiting.
Jeg klarer ikke slutte å kaste opp.

347 - 3

She is cold.
Hun er kald.

347 - 4

I come from chicago.
Jeg kommer fra chicago.

347 - 5

It is really disgusting.
Det er virkelig ekkelt.

347 - 6

You need to swipe it.
Du må sveipe den.

347 - 7

She sued the company.
Hun saksøkte selskapet.

Day 347

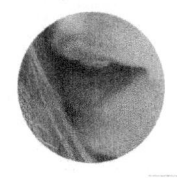

Week 50

348 - 1

I'll check.
Jeg skal sjekke.

348 - 2

Long time no see.
Lenge siden sist.

348 - 3

I am fine.
Jeg har det bra.

348 - 4

I bought a new table.
Jeg kjøpte et nytt bord.

348 - 5

Does the sun appear?
Dukker solen opp?

348 - 6

It's yummy.
Det er kjempegodt.

348 - 7

What day is it?
Hvilken dag er det?

Day 348

Week 50

349 - 1

I'm off work tomorrow.
Jeg har fri fra jobb i morgen.

349 - 2

I have a student visa.
Jeg har studentvisum.

349 - 3

I can't. i'm sorry.
Jeg kan ikke. beklager.

349 - 4

Anything else?
Noe annet?

349 - 5

This bag is heavy.
Denne vesken er tung.

349 - 6

I need a lot of money.
Jeg trenger mye penger.

349 - 7

How old is the victim?
Hvor gammel er offeret?

Day 349

Test 50

350 - 1

Please stay as you are.

350 - 2

This book is difficult.

350 - 3

You are so kind.

350 - 4

She is cold.

350 - 5

Long time no see.

350 - 6

I'm off work tomorrow.

350 - 7

How old is the victim?

Day 350

Week 51

351 - 1

Is service included?
Er service inkludert?

351 - 2

I've been attacked.
Jeg har blitt angrepet.

351 - 3

That would be okay.
Det ville vært greit.

351 - 4

The water is hard.
Vannet er hardt.

351 - 5

That's all right.
Det er helt greit.

351 - 6

No cheating, please.
Ikke juks, takk.

351 - 7

Ask him not to go there.
Be ham ikke gå dit.

Day 351

Week 51

352 - 1

No stopping.
Ingen stopp.

352 - 2

Please come at once.
Vennligst kom med en gang.

352 - 3

Are you married?
Er du gift?

352 - 4

Bring them here.
Ta dem hit.

352 - 5

This is my house.
Dette er mitt hus.

352 - 6

He's sometimes late.
Noen ganger er han sent ute.

352 - 7

Do you hate him?
Hater du ham?

Day 352

Week 51

353 - 1

I didn't order that.
Jeg bestilte ikke det.

353 - 2

All the best.
Beste ønsker.

353 - 3

When is it?
Når er det?

353 - 4

My feel hurt.
Jeg føler meg såret.

353 - 5

This seat is taken.
Dette setet er tatt.

353 - 6

How's your day going?
Hvordan går det med deg i dag?

353 - 7

It's twelve thirty.
Klokken er halv tolv.

Day 353

Week 51

354 - 1

It's been a long time.
Lenge siden sist.

354 - 2

Always wash your hands.
Vask alltid hendene.

354 - 3

Can i see the menu?
Kan jeg se menyen?

354 - 4

Pork is delicious.
Svinekjøtt er deilig.

354 - 5

Why should i care?
Hvorfor skal jeg bry meg?

354 - 6

What turns you on?
Hva tenner deg?

354 - 7

Where are you working?
Hvor er det du jobber?

51/52

Day 354

LEARN NORWEGIAN IN 52 WEEKS

LEARN NORWEGIAN IN 52 WEEKS WITH 7 SENTENCES A DAY

Week 51

355 - 1

Did you return the book?
Har du returnert boken?

355 - 2

No, you cannot.
Nei du kan ikke.

355 - 3

It's pouring.
Det pøser.

355 - 4

I inhaled dust.
Jeg inhalerte støv.

355 - 5

Here you go.
Værsågod.

355 - 6

I can't afford it.
Jeg har ikke råd til det.

355 - 7

This way please.
Denne veien takk.

51/52

Day 355

Week 51

356 - 1

Are you on time?
Er du i tide?

356 - 2

The baby is smiling.
Babyen smiler.

356 - 3

You must not.
Du må ikke.

356 - 4

See you later.
Ser deg senere.

356 - 5

I don't have time.
Jeg har ikke tid.

356 - 6

It's my duty to do it.
Det er min plikt å gjøre det.

356 - 7

I am very strict.
Jeg er veldig streng.

Day 356

Test 51

357 - 1

No cheating, please.

357 - 2

This is my house.

357 - 3

My feel hurt.

357 - 4

Can i see the menu?

357 - 5

No, you cannot.

357 - 6

Are you on time?

357 - 7

I am very strict.

Day 357

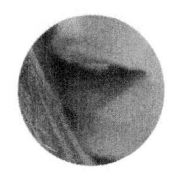

Week 52

358 - 1

Are you sure?
Er du sikker?

358 - 2

Emergency telephone.
Nødtelefon.

358 - 3

Are they your relatives?
Er de dine slektninger?

358 - 4

I'm not sure about it.
Jeg er ikke sikker på det.

358 - 5

This pipe is clogged.
Dette røret er tett.

358 - 6

Whatever you want.
Hva enn du vil.

358 - 7

Don't be too greedy.
Ikke vær for grådig.

Day 358

Week 52

359 - 1

They speak french.
De snakker fransk.

359 - 2

His story was funny.
Historien hans var morsom.

359 - 3

Don't you have a pen?
Har du ikke en penn?

359 - 4

It is forbidden to.
Det er forbudt.

359 - 5

The building collapsed.
Bygningen kollapset.

359 - 6

Are you awake?
Er du våken?

359 - 7

Is he running?
Løper han?

Day 359

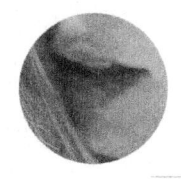

Week 52

360 - 1

First day of school.
Første skoledag.

360 - 2

When you've finished,
Når du er ferdig,

360 - 3

I got wet in the rain.
Jeg ble våt i regnet.

360 - 4

I'm glad to see you.
Jeg er glad for å se deg.

360 - 5

The floor is slippery.
Gulvet er glatt.

360 - 6

Have dinner.
Ha middag.

360 - 7

You couldn't do that.
Det kunne du ikke gjøre.

Day 360

Week 52

361 - 1

Have a drink.
Ta en drink.

361 - 2

Please turn left there.
Vennligst ta til venstre der.

361 - 3

His company relocated.
Firmaet hans flyttet.

361 - 4

Be quiet as you leave.
Vær stille når du drar.

361 - 5

How is your brother?
Hvordan går det med broren din?

361 - 6

Will you marry me?
Vil du gifte deg med meg?

361 - 7

What a nice apartment.
For en fin leilighet.

Day 361

Week 52

362 - 1

Here's my id.
Her er id-en min.

362 - 2

Jump at the chance.
Hopp på sjansen.

362 - 3

I have got a puncture.
Jeg har fått en punktering.

362 - 4

Solve it on the board.
Løs det på tavlen.

362 - 5

I like grapes.
Jeg liker druer.

362 - 6

We can't do it here.
Vi kan ikke gjøre det her.

362 - 7

He left the group.
Han forlot gruppen.

Day 362

Week 52

363 - 1
It's a good deal.
Det er en god deal.

363 - 2
What a cheeky fellow!
For en frekk kar!

363 - 3
I have no time.
Jeg har ikke tid.

363 - 4
How much is this?
Hvor mye er dette?

363 - 5
Friday would be perfect.
Fredag ville vært perfekt.

363 - 6
Is she your sister?
Er hun søsteren din?

363 - 7
My soup is cold.
Suppen min er kald.

Day 363

Test 52

364 - 1

Whatever you want.

364 - 2

The building collapsed.

364 - 3

I'm glad to see you.

364 - 4

His company relocated.

364 - 5

Jump at the chance.

364 - 6

It's a good deal.

364 - 7

My soup is cold.

Day 364

See you soon

Learn English in 52 weeks
Learn French in 52 weeks
Learn Bulgarian in 52 weeks
Learn Chinese in 52 weeks
Learn Czech in 52 weeks
Learn Danish in 52 weeks
Learn Dutch in 52 weeks
Learn Estonian in 52 weeks
Learn Finnish in 52 weeks
Learn German in 52 weeks
Learn Greek in 52 weeks
Learn Hungarian in 52 weeks
Learn Italian in 52 weeks
Learn Japanese in 52 weeks
Learn Latvian in 52 weeks
Learn Lithuanian in 52 weeks
Learn Polish in 52 weeks
Learn Portuguese in 52 weeks
Learn Brazilian in 52 weeks
Learn Romanian in 52 weeks
Learn Russian in 52 weeks
Learn Slovak in 52 weeks
Learn Spanish in 52 weeks
Learn Swedish in 52 weeks

Printed in Great Britain
by Amazon